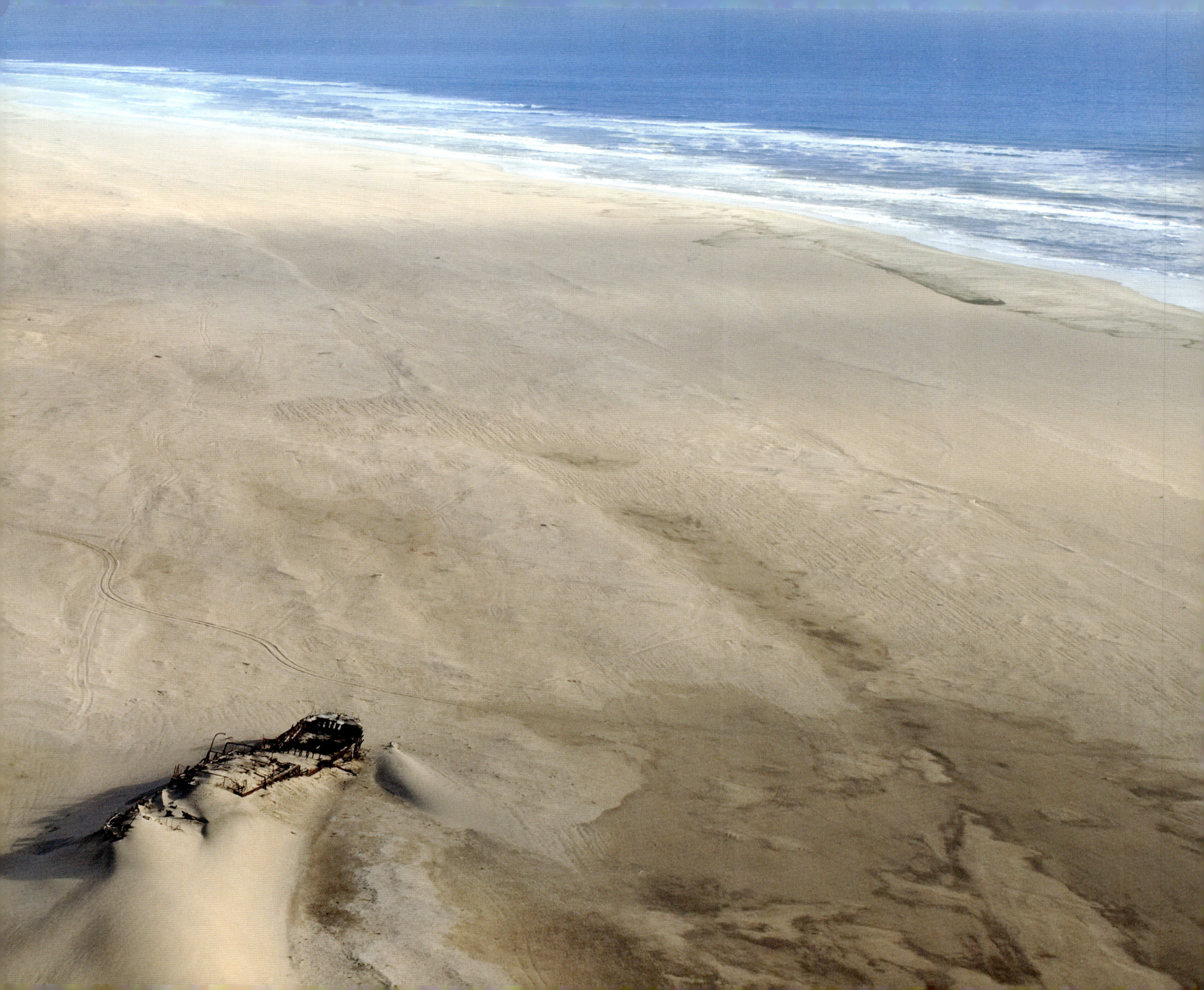

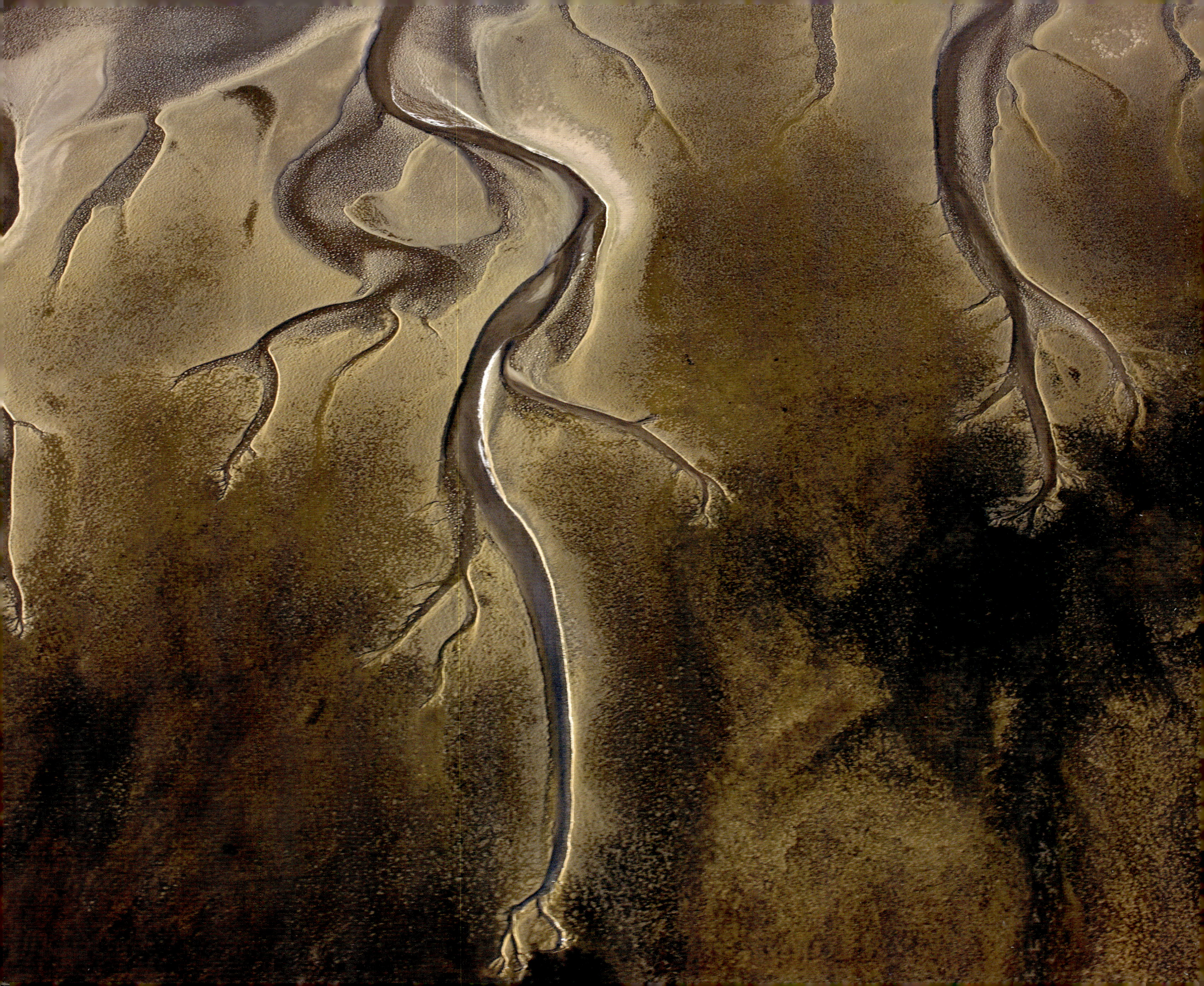

Thorsten Milse

Afrikas letzte Wildnis

Namibias Skelettküste

Frederking & Thaler

Inhalt

Vorwort

Über 20 Jahre lang war ich als Park-Ranger an der Namibischen Küste tätig, und es ist mir eine ganz besondere Ehre und ein Anliegen, das Vorwort zu diesem außergewöhnlichen Bildband von Thorsten Milse zu schreiben, der Einheimische wie Besucher den wahren Wert der Namib erkennen lassen wird, und hoffentlich nicht nur die Namibier selbst aufrüttelt, sondern die Aufmerksamkeit der Weltbevölkerung auf Afrikas raues Paradies lenkt – die Skelettküste.

Als Skelettküste wird in der Regel jener etwa 600 Kilometer lange Küstenstrich bezeichnet, der sich vom Kreuzkap bis zur Mündung des Kunene-Flusses erstreckt. Er bildet den nordwestlichen Abschnitt des Skelettküsten-Nationalparks, den Namib-Skeleton Coast National Park. Die Skelettküste grenzt im Osten an den Etosha-Nationalpark und im Süden sowie im Norden an Nationalparkgebiete in Südafrika und Angola, an den Richtersveld- beziehungsweise den Iona-Nationalpark. So ergibt sich über Ländergrenzen hinweg das größte zusammenhängende Naturschutzgebiet Afrikas, das sechstgrößte weltweit. Und noch eine Besonderheit: Namibia ist das einzige Land der Welt, das seine gesamte Küste – mit Ausnahme der Städte – unter Naturschutz gestellt hat.

Die Skelettküste wurde durch die natürlichen Gegebenheiten, wie die stürmische See, Nebel, Sandstürme und das Fehlen von Buchten, vor der Erschließung durch Siedler geschützt. Für viele Schiffe, frühe Walfänger oder Diamantensucher und Grubenarbeiter, die auf der Jagd nach Reichtümern waren, bedeutete dieser Teil der Küste häufig den Untergang. All dies hat Spuren hinterlassen, doch die namibische Regierung hat einen mutigen Schritt gewagt und den Abbau von Rohstoffen in dieser einzigartigen Wildnis gestoppt. Nur unter strengsten Auflagen und in Einklang mit den Zielsetzungen der Erhaltung der Wildnis sind vereinzelte Aktivitäten erlaubt.

Bevor Angehörige der westlichen Zivilisation die verlassenen Küsten erreichten, lebten hier Nomaden, die sich von Meeresfrüchten, gestrandeten Meeressäugetieren und Frischwasser aus den Mündungen der vorübergehend Wasser führenden Flüsse ernährten. Diese Nomaden folgten den flüchtigen Flussläufen und wagten sich landeinwärts, um abwechslungsreichere Nahrung zu finden und den rauen Küstenwinden zu entkommen.

Als Aristoteles Onassis 1966 von einem Diamantenminen-Konsortium eingeladen wurde, lehnte er eine Investitionsmöglichkeit ab. Seine Begründung war, dass dieses Gebiet eine »großartige Einsamkeit« umgebe und es nicht angegriffen werden sollte. Glücklicherweise sind die einzigartige Wildnis, die an die Wüste angepasste Flora und Fauna und die Landschaftsformen und -strukturen intakt geblieben.

Thorsten Milses außergewöhnliches Talent und sein spezifisches Können haben es ihm ermöglicht, das Wesen dieses besonderen Teiles unserer Erde einzufangen. Dies ist nicht vielen Menschen gelungen, und manche haben etliche Jahre zugebracht, es zu versuchen. Durch dieses Buch hoffen wir das Bewusstsein zu wecken, dass diese letzte Wildnis allen Menschen gehört und nicht aus Gier zerstört werden darf.

Rod Braby
Ehemaliger Parkleiter Skeleton Coast Park
Senior technical advisor NACOMA project

Einleitung

Namibia – *leerer Platz, wo nichts ist*. Einen treffenderen Namen hätten die Einheimischen für diese Landschaft im südlichen Afrika nicht finden können.
Die letzte Wildnis des Schwarzen Kontinents erstreckt sich als langer Dünengürtel mit der *Skelettküste* – ein Name, der wenig Gutes verheißt – und der *Namib*, einer der ältesten Wüsten der Welt, nach der *Namibia* benannt wurde, von Nord nach Süd. Diese breite Küstenwüste und die wilden, eisigen Brecher des Atlantiks sind äußerst lebensfeindlich.
Das mussten in der Vergangenheit auch viele Schiffbrüchige erfahren. Dichter Nebel, heftige Stürme und extremer Seegang haben viele Schiffe an der Skelettküste stranden lassen und sie zum größten Schiffsfriedhof der Welt gemacht. Wer vom Meer aus auf die Küste trifft, sieht sich den riesigen Dünen der Namib gegenüber. Schiffbrüchige, die es schafften, sich durch die tosende Brandung an Land zu retten, hatten keine Chance, sich durch diese Ödnis in Sicherheit zu bringen. Der Mangel an Trinkwasser ist vielen von ihnen zum Verhängnis geworden.
Fauna und Flora dagegen haben sich perfekt an diese extremen Bedingungen angepasst. Der kalte Benguelastrom aus der Antarktis transportiert Nahrung an die Küste. Wenn seine kalten Luftströmungen auf die heiße Namib-Wüste treffen, erzeugen sie den lebenswichtigen Nebel. Von dieser Feuchtigkeit profitieren viele der dort lebenden Tierarten: Die großen Wüstengiraffen, Spießböcke, Namib-Sandgeckos oder die kleinen Nebeltrinkerkäfer sind nur einige Beispiele. Sie haben sich hier als Teil einer viel verzweigten Nahrungskette das Überleben gesichert. Kolonien von über 100 000 Südafrikanischen Pelzrobben und sogar eine große Population von Flamingos landen hier regelmäßig zur Nahrungssuche.

Namibia ist wie ein roher Diamant – erst beim genaueren Betrachten erschließen sich die Reinheit und die vielfältige Schönheit. Viele Besucher, die diese Landschaften einmal erlebt haben, sind von ihnen besessen, möchten mehr davon sehen und ihren Reiz ergründen. Wer einmal zu dem prächtigsten Sternenhimmel der Erde aufgeschaut hat, möchte dieses Glitzern nie wieder missen. Die wildromantische Küste mit ihren lebendigen Farben schlägt jeden Besucher in ihren Bann und lässt ihn nicht mehr los.
Dies ist die Welt der sagenumwobenen Wüstenelefanten, die einst nur in den Geschichten der Einheimischen zu existieren schienen. Wissenschaftler haben ihre Existenz lange angezweifelt; sie konnten sich nicht vorstellen, dass so mächtige Säugetiere in einer Region des Wassermangels zu überleben vermochten. Aber diese Elefanten, die nach Wasserlöchern graben, haben sich dieser unwirtlichen Welt angepasst, genauso wie auch die verschwunden geglaubten Wüstenlöwen, die Feuchtigkeit über das Blut ihrer Beute aufnehmen.
Dieses Buch unternimmt eine fantastische und farbenfrohe Reise. Sie führt zu unterschiedlichen Landschaften und Lebensräumen – zunächst an die Küste, danach zu den Trockenflüssen und schließlich zu der faszinierenden Naturwelt in den Dünen. Afrikas letzte Wildnis überrascht mit außergewöhnlichen Impressionen, wechselnden Stimmungen und unberührter Landschaft. Sie birgt Geheimnisse, die nur darauf warten, entdeckt zu werden. Die scheinbare Leere, die auch durch Geschichten über Diamanten und daraus resultierendem Reichtum bekannt wurde, erweist sich bei näherer Betrachtung als äußerst zerbrechliche Natur.

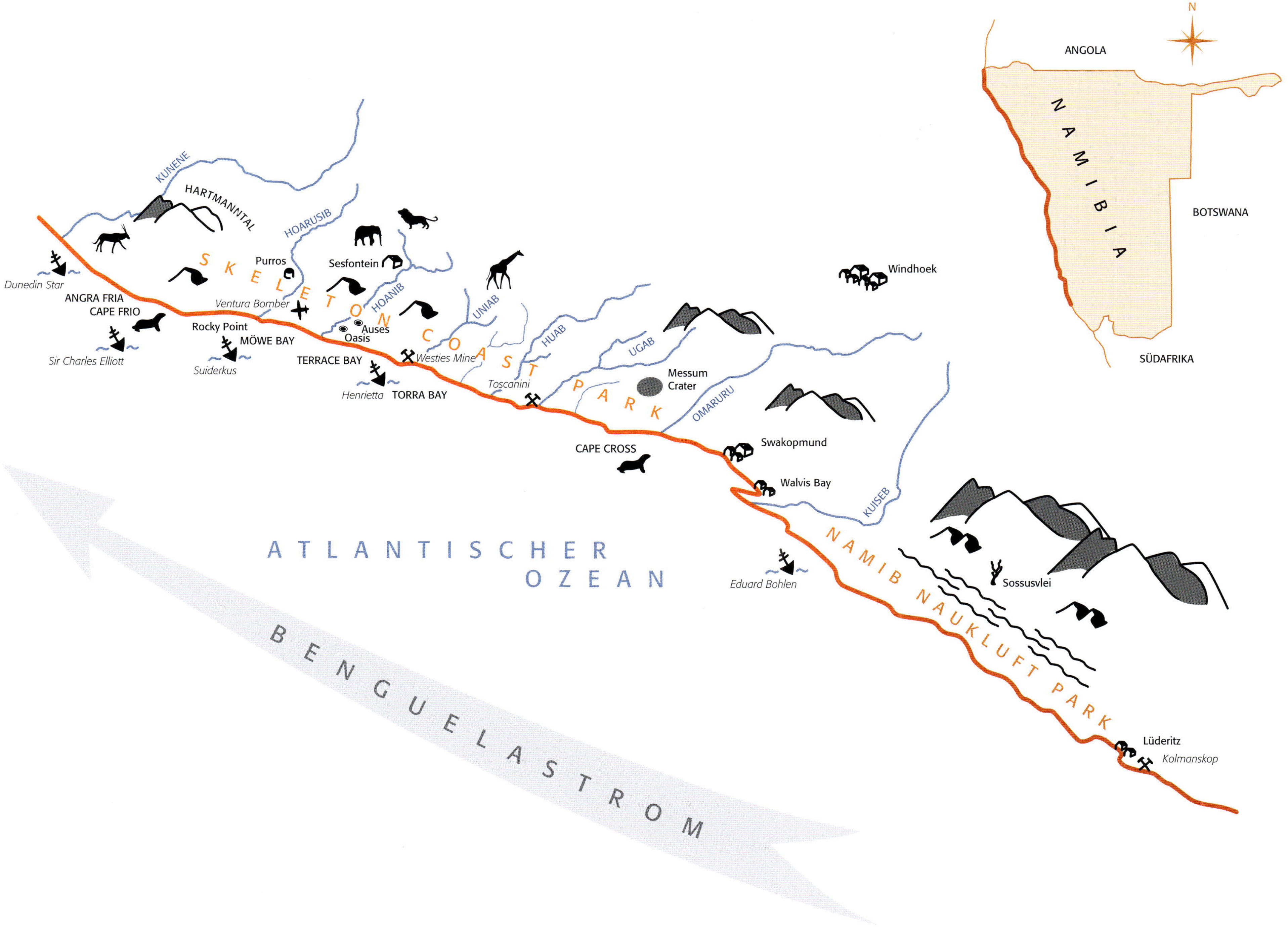
ANGOLA
N
NAMIBIA
BOTSWANA
SÜDAFRIKA
KUNENE
HARTMANNTAL
HOARUSIB
SKELETON COAST PARK
Purros
Sesfontein
Dunedin Star
ANGRA FRIA
CAPE FRIO
Ventura Bomber
HOANIB
UNIAB
Rocky Point
MÖWE BAY
Auses
Oasis
Sir Charles Elliott
Suiderkus
TERRACE BAY
Westies Mine
Henrietta
TORRA BAY
Toscanini
HUAB
UGAB
Messum
Crater
OMARURU
Windhoek
CAPE CROSS
Swakopmund
Walvis Bay
KUISEB
ATLANTISCHER
OZEAN
Eduard Bohlen
NAMIB NAUKLUFT PARK
Sossusvlei
Lüderitz
Kolmanskop
BENGUELASTROM

Namibias lebensfeindlicher Küstenstreifen

Ein einmaliges Stück Erde

Die Skelettküste gehört zu den Landstrichen unserer Erde, die von jeher die Fantasie der Menschen beflügelt haben. Mal zeigt sie sich von atemberaubender Schönheit, mal verwandelt sie sich unter sengender Sonne in eine glühend heiße Hölle; mal hüllt sie sich in dichte Nebelschwaden, dann toben Stürme, und plötzlicher Regen verwandelt Flüsse in brodelnde Ungeheuer, die alles mit sich reißen, was sich ihnen in den Weg stellt. Die Region verdankt ihren Namen den unzähligen Walknochen und Schiffswracks, die entlang der gesamten Küste verstreut liegen. Nebel, heftige Brandung und starke Strömungen haben hier schon so manches Todesurteil besiegelt. Überlebten Schiffbrüchige den Untergang, strandeten sie schließlich vor der Wüste Namib – einem Meer aus Sand, ohne Nahrung und Trinkwasser. Diese ausgedehnten Sanddünen zu durchqueren, ist bis heute kaum möglich.
Auf den ersten Blick gleicht der Küstenstreifen einer Mondlandschaft und mutet widrig, öde, abweisend an. Die turbulente geologische Vergangenheit hat jedoch vielfältige Bodenarten hinterlassen. Kiesflächen wie trockene Salzflächen, Sanddünen und zerklüftete Felsbuchten prägen die Landschaft. Einige Gesteinsformationen dieser Region gehören mit einem Alter von über 1,5 Milliarden Jahren zu den geologisch ältesten der Welt.
Europäische Entdecker drangen erst spät im 19. Jahrhundert in diese Region vor. Da die Gegend äußerst lebensfeindlich ist, hat sich die Natur bis heute ihre Ursprünglichkeit bewahrt. Dieser Landstrich ist bis heute menschenleer, nur gelegentlich patrouillieren Polizeibeamte oder das Naturschutzpersonal.
Alte Felszeichnungen, wie die bei Twyfelfontein im Damara-Bergland, deuten aber darauf hin, dass Buschleute in der Vergangenheit bis an die Küste vorgedrungen sind. Die genaue Bestimmung des Alters der Zeichnungen ist schwierig, da vergangene Epochen in Namibia noch nicht ausreichend erforscht sind. Man schätzt, dass sie wahrscheinlich in sechs Perioden von 300 v. Chr. bis zum Beginn des 19. Jahrhunderts entstanden sind. Die frühen Gravuren im Fels zeigen bereits Wüstenelefanten und Ohrenrobben – ein wichtiges Indiz dafür, dass die menschlichen Bewohner bereits Erkundungen bis an die Skelettküste unternommen haben müssen. Es ist die größte afrikanische Ansammlung bildlicher und grafischer Felsgravuren aus prähistorischer Zeit, auch Petroglyphen genannt. 2007 wurde sie von der UNESCO auf die Liste des Weltkulturerbes gesetzt. Um die Gravuren vor Vandalismus zu schützen, werden sie seitdem streng bewacht.
Neben den Felszeichnungen finden sich weitere Anzeichen frühzeitlicher Bewohner im Nordwesten Namibias. Von den Bergen des Hartmannstals hat man noch heute einen fantastischen Überblick über das gesamte Gebiet. Forscher gehen davon aus, dass für die Buschleute gerade dieser »Weitblick« sehr wichtig für die Jagd und Erkundung gewesen sein muss. Ein Hinweis darauf könnten die geheimnisvollen Steinkreise sein, die überall an der Küste zu finden sind. Bis heute ist nicht erforscht, ob dort Buschleute gelebt haben.
Ein Überleben in der Wüste hat sich bis heute der Volksstamm der Himba gesichert. Als Nomadenvolk halten sie sich mehr im Landesinneren auf und ziehen mit ihren Rindern durch den Nordwesten – immer auf der Suche nach Wasserlöchern und guten Weidegründen. Selten bleiben sie lange an einem Ort. Die Sippen bauen ihre Hütten aus Gras und Lehm um ihre Kuhherden, welche ihr einziges Kapital sind. Geronnene Kuhmilch deckt fast zur Gänze den Flüssigkeitsbedarf der Menschen. Ihre Zukunft ist allerdings ungewiss. Wie überall auf der Welt wird es dieses Nomadenvolk in der »zivilisierten« Welt künftig schwer haben. Die Himba werden immer weniger die Chance haben, ihre Traditionen auszuleben. Tourismus, Alkohol und Verlust des Lebensraums sind nur einige Gefahren, die dieses Volk bedrohen.

Sünden der Vergangenheit

Es liegt in der Natur des Menschen, seinen Nutzen aus den ihm gebotenen Möglichkeiten ziehen zu wollen, besonders wenn sich damit Geld verdienen ließe. In Namibia ist vorwiegend die Küste wirtschaftlich bedeutsam.

Besonders der Diamantenexport ist ein nicht zu unterschätzender Wirtschaftsfaktor. Der sehr produktive Abbau ist in verschiedene Sperrgebiete unterteilt. Eines der größten Abbaugebiete befindet sich am Mündungsdelta des Oranje-Flusses an der südafrikanischen Grenze.

Verrostete Raupen, Maschinen, Fördertürme, verlassene Lager oder Abdrücke in den empfindlichen Kies- und Sandflächen – die Liste der Hinterlassenschaften der Minengesellschaften, die mahnend entlang des gesamten Küstenstreifens aus dem Sand herausragen, kann endlos weitergeführt werden. Unzählige Spuren auf den sehr empfindlichen Oberflächen der Landschaft zeugen auch heute noch im Nationalpark – nach mehr als hundert Jahren – von den Missetaten. Als weitere Wirtschaftszweige der Küste sind die Fischerei, Meersalzförderung, Urangewinnung und der Abbau von Guano (Vogelkot) auf im Meer verankerten Plattformen zu nennen.

Der Skelettküstenpark – ein einzigartiges Ökosystem

Die Küste erstreckt sich über eine Länge von 1500 Kilometern und ist bis zu 150 Kilometer breit. Der bedeutendste Teil davon liegt im Skelettküstenpark. Dieses 600 Kilometer lange, aber nur 40 Kilometer breite Naturschutzgebiet wurde 1971 ausgerufen. Der Park erstreckt sich vom Trockenfluss Ugab im Süden bis zur Mündung des Flusses Kunene im Norden. Im Westen grenzt er an das Naherholungsgebiet Westküste, im Osten an das Kaokoveld.

Mit einer Fläche von 16 390 Quadratkilometern ist der Park im Vergleich zur Gesamtfläche Afrikas eher klein. Auch zeigt er auf den ersten Blick, wie die gesamte Skelettküste, nur eine öde Landschaft. Doch weit gefehlt – dieses Naturschutzgebiet ist wahrscheinlich eine der »letzten Wildnisse« Afrikas. Weitgehend verschont von Wilderei, Tourismus und kommerzieller Nutzung hat sich hier ein einzigartiges Ökosystem erhalten.

Die Skelettküste ist ein Ort, an dem eine glühend heiße Wüste an ein eisiges Meer grenzt und der trotz aller Widrigkeiten gedeiht. Über 96 Prozent der hier vorkommenden Pflanzenwelt bestehen aus einjährigen Arten, die sich durch einen enorm schnellen Zyklus an die geringe Feuchtigkeit und die seltenen Regenfälle angepasst haben: Oft bleibt der Regen in bestimmten Landesteilen über mehrere Jahre aus, und selten fällt jährlich mehr als 10 Millimeter Niederschlag. Wenn es tatsächlich einmal regnet, bewirken wenige Millimeter wahre Wunder. Die Wüste verwandelt sich quasi über Nacht und entwickelt explosionsartig einen grandiosen Blütenteppich.

Der Reichtum des Lebens ist ein Geschenk des Windes. Der Benguelastrom fließt, von der Antarktis kommend, nach Norden und kühlt die vorherrschenden, mit Feuchtigkeit gesättigten Südwestwinde deutlich ab. Die Luft kann dadurch wesentlich weniger Wasser aufnehmen – und es entsteht gespenstisch dichter Bodennebel, der mit dem Wind über den Küstensaum hinwegzieht. Jeden Morgen wiederholt sich das Schauspiel und ergibt ein immer wiederkehrendes Bild. Gerade in den frühen Morgenstunden, wenn die Sonne die Luft noch nicht erwärmt hat, senken sich ganze Nebelschwaden nieder. Sie sind die einzige Feuchtigkeitsquelle für Flora und Fauna.

Der Benguelastrom beeinflusst auch das Ökosystem im Meer. Das kalte, aus der Tiefe kommende Wasser ist reich an Stickstoffverbindungen. Dies führt zu einer starken Planktonbildung, was viele Fische anlockt – ein ideales Jagdrevier für Südafrikanische Pelzrobben *(Arctocephalus pusillus)* aus der Familie der Ohrenrobben. Sie leben in Kolonien von über 100 000 Tieren, von denen sich große Ansammlungen am Kreuzkap, bei Kap Frio, zeitweise auch bei der Torra Bay und im südlichen Diamantensperrgebiet befinden.

Die Nahrungskette setzt sich mit der Braunen Hyäne *(Hyaena brunnea)* und dem Schabrackenschakal *(Canis mesomelas)* fort. Sie halten sich fast täglich an den Kolonien auf und ernähren sich hauptsächlich von Kadavern. Besonders wenn Robben ihre Jungen aufziehen, ist der Tisch reichlich für sie gedeckt.

Strandhyäne, Schabrackenhyäne oder auch Strandwolf – mit diesen Namen wird die Braune Hyäne oft bedacht. Kennzeichen sind ihr äußerst zotteliges Fell, eine gebogene Körperhaltung und unterschiedlich große Vorder- und Hinterpfoten. Überwiegend nachtaktiv und scheu, zieht sie sich tagsüber meistens in ihren Bau im Landesinneren zurück.

Andere Raubtiere, wie der Gepard *(Acinonyx jubatus)*, bevorzugen offene Landschaften und sind in den Grasflächen zu Hause, wo ihre Beutetiere wie Springbock *(Antidorcas marsupialis)* und Spießbock *(Oryx gazella)*, auch Oryxantilope genannt, grasen. Leoparden *(Panthera pardus)* hingegen haben ihre Jagdreviere in den Felsplateaus der Trockenflüsse und gehen vorwiegend im Schutz der Dunkelheit auf Beutefang.

Lange Zeit waren die legendären Wüstenlöwen *(Panthera leo)* an der Skelettküste verschwunden. Hirten der Damara, Angehörige eines namibischen Volksstamms, hatten diese letzten Großkatzen getötet – aus Angst, ihr Weidevieh zu verlieren. Seit einigen Jahren sind die Wüstenlöwen nun wieder dorthin zurückgekehrt. Auf der Suche nach Nahrung und neuen Jagdrevieren ziehen sie immer weiter in den Skelettküstenpark hinein. Kleine Rudel haben sich in oder an den Trockenflüssen des Hoanib und Hoarusib angesiedelt. Durch die vielen Wasserquellen und das damit vorhandene Trinkwasser besteht dort kein Mangel an jagdbarem Wild. Viele Spießböcke ziehen von den Ebenen in die fruchtbaren Flusstäler. Aber auch die eleganten Wüstengiraffen *(Giraffa camelopardalis capensis)* gehören zum Beutespektrum der großen Raubkatzen.

Durch das Herumziehen ihrer Beute, die über sehr weite Strecken von Wasserquelle zu Wasserquelle wandert, müssen auch die Löwen sehr mobil sein – anders als ihre Artverwandten in der Steppe. Diese Raubtiere können ohne Probleme über 50 Kilometer an einem Tag zurücklegen. Sie sind nicht unbedingt auf frisches Wasser angewiesen, sondern decken ihren Flüssigkeitsbedarf durch das Blut ihrer Beutetiere.

Die Population der Wüstenlöwen an der Skelettküste steigt wieder an. Es sind nun wohl schon mehr als 120 Tiere, die es geschafft haben, das Erbe ihrer Vorfahren anzutreten. Vielleicht werden sie eines Tages auch in der Lage sein, an der Meeresküste Beute zu machen. Durch strengen Schutz und rigorose Überwachung einzelner Tiere mittels Radiotelemetrie kann sich diese Großkatze hoffentlich irgendwann wieder entlang der gesamten Skelettküste ausbreiten. Ein weiteres ungewöhnliches Säugetier hat sich den wüstenähnlichen Verhältnissen angepasst – das Spitzmaulnashorn *(Diceros bicornis)*. Dieses extrem kurzsichtige und überaus übellaunige Tier – oft geht es ohne Vorwarnung auf den vermeintlichen Gegner los – wird von den Einheimischen auch oft als Wüstennashorn bezeichnet. Nashörner können sehr schlecht sehen und verlassen sich daher nur auf ihr Gehör und ihren ausgeprägten Geruchssinn. So kann es durchaus schon einmal passieren, dass sie ihr Gegenüber »nicht riechen« können und sehr gereizt reagieren.

Rund ein Viertel des afrikanischen Bestandes lebt in Namibia. Das Spitzmaulnashorn konnte gerade noch vor dem Aussterben bewahrt werden. Die Nashörner traf fast das gleiche Schicksal wie die Elefanten. Sie wurden durch gnadenlose Wilderei beinahe ausgerottet. Nur wenige überlebten im Damaraland und dem Kaokoveld. Dies ist den hartnäckigen Bemühungen des Ministeriums für Umwelt und Tourismus (MET), dem Hilfswildhüterprogramm auf kommunaler Ebene und dem *Save the Rhino Trust* (SRT) zu verdanken. Der SRT entstand, um der ausufernden Wilderei in den 1970er und 1980er Jahren zu begegnen. Die Geldmittel waren zu diesem Zeitpunkt so weit erschöpft, dass keine Möglichkeit mehr bestand, mit den vorhandenen Ressourcen das riesige Gebiet zu kontrollieren und dem brutalen Abschlachten endgültig ein Ende zu setzen. Um die Nashörner zu retten, blieb schließlich nur noch das Enthornen. Für Wilderer nun nicht mehr attraktiv, führte diese radikale Maßnahme letzten Endes zur Rettung der Art. Heute stehen dank guter Organisation und Unterstützung Geldmittel zur Verfügung, sodass genügend Mitarbeiter zur Kontrolle eingestellt werden konnten. Durch die Schutzorganisationen leben dort heute wieder über 600 der äußerst angriffslustigen Tiere. Sie sind Einzelgänger und durchziehen ihre Territorien, um ihre Duftmarken überall zu verbreiten. Bis weit in die Skelettküstenregion hinein wandern sie auf der Suche nach Nahrung und Wasser. Während der heißen Tageszeit ziehen sie sich meist in die Nähe eines Schatten spendenden Honigmilchbusches zurück.

Durch den ständigen Nebel und den stetigen Wind ist es an der Küste in den Wintermonaten teilweise empfindlich kalt und auch im Sommer eher kühl. Die Wassertemperaturen sind mit 10 –15°C auch eher mäßig. Aber anhaltender Ostwind vom Landesinneren kann auch reichlich Staub, Sand und Hitze mit sich bringen. Dies bedeutet für alle Lebewesen, dass sie sowohl hitze- als auch frost- und natürlich dürreresistent sein müssen, was ungeheuer hohe Anforderungen an die Anpassungsfähigkeit der Organismen stellt. Im Oktober/November, dem südafrikanischen Frühsommer, herrschen die stärksten Winde. Der Benguelastrom wird dann am meisten aufgewühlt und bringt reichlich Nahrung mit sich. Drei Viertel aller Zwergflamingos *(Phoenicopterus minor)* und Rosaflamingos *(Phoenicopterus roseus)* des südlichen Afrika kommen dann an diese Küste, genau wie die riesigen Brutkolonien der Kapscharbe *(Phalacrocorax capensis)*.

Etwas abschreckend, das Eingangstor des Skeleton Coast National Park

Ein alter Ölbohrturm dient heute Kapscharben als Nistplatz

Wind, Nebel und die salzige Luft hinterlassen verschiedene Formen im Sand

Nur nach dem Regen erblüht eine Art Eiskraut in den kargen Kiesflächen

Flache Ebenen, Kiesflächen und Steinhügel säumen die Skelettküste

Selbst Überlebenskünstler wie der Spießbock müssen dem harten Leben Tribut zollen

Ein einzelner Elefantenbulle sucht im Flussbett des Hoarusib, nur wenige Kilometer vom Ozean entfernt, nach etwas Fressbarem

Ein Spießbock wandert entlang eines Dünenkamms

Die Braune Hyäne ist nur in den Morgen- und Abendstunden an der Küste zu finden

Vorsichtig wittert das Spitzmaulnashorn in die Luft, bevor es sich der Wasserquelle nähert

Die Welwitschie ist eine endemische Pflanze, die nur in Namibia vorkommt – wie hier im Messum-Krater

Ein Springbockgeweih in der Nähe von Amspoort, einer Ebene am Rand des Hoanib

Eine der wichtigen Küstenstädte Namibias, Swakopmund

Eine alte deutsche Minenstadt, Kolmannskop, die sich die Wüste zurückerobert hat

Ein Farbenspiel sind die Salzpfannen bei Swakopmund

Eine Guano-Plattform im Meer, die kommerziell genutzt wird

Über 2000 Felszeichnungen gibt es hier in Twyfelfontein

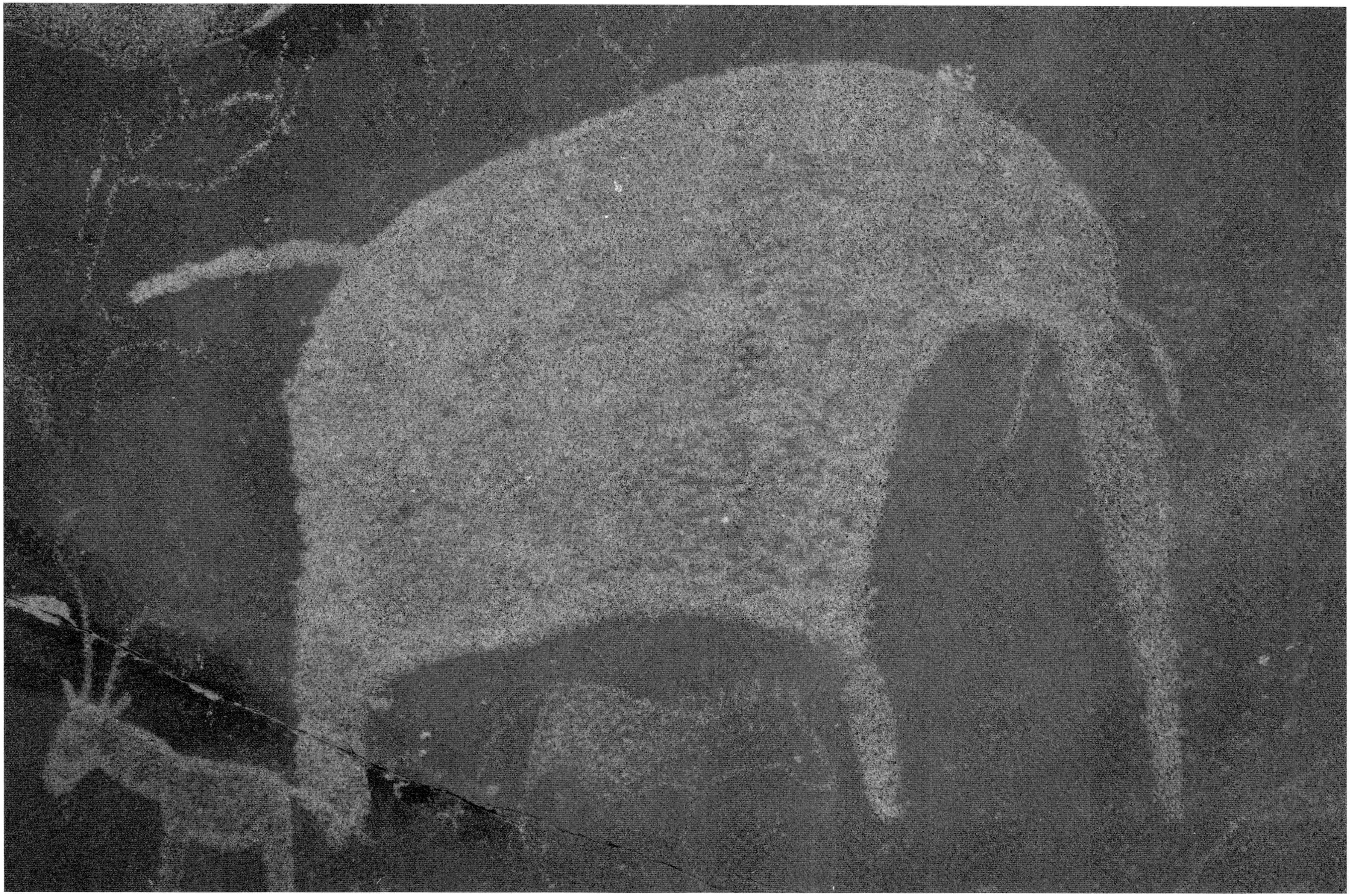

Dieses seltene Zeitdokument gehört zum Welterbe der UNESCO

Bei Ebbe nutzen die Flamingos diese Gebiete als Schlafplatz

An den Rändern der Salzpfannen finden sich oft große Ansammlungen von Flamingos

Ein Elefant im Flusstal des Huab spiegelt sich im Gegenlicht

Morgens haben die Blätter durch den Nebel noch genügend Feuchtigkeit für die Wüstengiraffen

Kapscharben nutzen die alten Minenausleger von Toscanini

Eine kleine Robbenkolonie bei Möwe Bay im Sonnenuntergang

Ein seltenes Schauspiel: Ein junger und ein alter Elefantenbulle spielen im letzten Licht

Man kann erahnen, wie stark das soziale Band der Tiere ist, wenn sich ein Elefant auf die Knie legt

Die Braune Hyäne erkennt man an ihrem langen zotteligen Fell

Die Bewegungen einer Wüstengiraffe wirken elegant

Zu bestimmten Zeiten kommen Hunderte von Geisterkrabben an die Strände der Skelettküste

Schabrackenschakale durchstreifen regelmäßig die Strandabschnitte nach Kadavern

Das noch nicht ganz versunkene Schiffswrack der »Henrietta«

Die »Suiderkus«, ein Fischtrawler, liegt bei Möwe Bay

Überall an der Küste findet man Relikte der Minensucher

Eine Hinterlassenschaft der Westies Mine: eine Planierraupe

Ihren Namen hat die Skelettküste wahrscheinlich wegen der unzähligen Walknochen bekommen

Der Flugzeugmotor eines Ventura Bombers, der 1943 versucht hat, die Schiffbrüchigen der »Dunedin Star« zu retten, und dabei selbst abstürzte

An der ganzen Skelettküste befinden sich viele Wrackteile
von gesunkenen Schiffen

Ein Teil des versunkenen Schiffs »Suiderkus«

Der Fluss Kunene trennt Namibia von Angola

Das Hartmannstal bietet nach dem Regen viel Grasfläche für die Steppentiere

Das Mündungsdelta des Kunene in den Atlantischen Ozean

Man erkennt deutlich, wie die Sedimente in das Meer gespült werden

Ein Schwarm Flamingos überfliegt die Skelettküste

Eine der größten Ansammlungen von Pelzrobben befindet sich bei Kap Frio

Riesige Pelzrobbenkolonien von mehr als 100 000 Tieren befinden sich an der Skelettküste

Kurz vor Sonnenuntergang sind die meisten Pelzrobben vom Fischfang zurück

Zwei Schabrackenschakale nahe der Küste

Der Dunst am Morgen entlang des Küstenstreifens

Ein alter Elefantenbulle ruht sich auf einer Sandbank aus

Für Kapscharben ein sicherer Schlafplatz

Die Trockenflüsse

Oasen in der Dürre

Trotz der ausgeprägten Kargheit ist Namibia eine lebende Wüste – dank der ausgedehnten Trockenflüsse. Der Name »Trockenfluss« ist irreführend. Obwohl anhaltende Hitze und lange Dürre dominieren, sind diese Flüsse lebensrettende Abschnitte, da in ihren Flussadern tatsächlich Wasser fließt. Allerdings nicht in den Flussbetten – diese sind meist staubtrocken – sondern unterirdisch.
Nur die beiden Flüsse Kunene im Norden, an der Grenze zu Angola, und Oranje im Süden, an der Grenze zu Südafrika, führen immer Wasser. Der Kunene entspringt im feuchten Hochland Angolas und durchfließt sogar subtropische Gebiete, bevor er entlang der Sanddünen der Namib-Wüste in den Atlantischen Ozean mündet.
Geomorphologische Merkmale belegen, dass die Trockenflüsse einst ständig Wasser führten und das Hinterland entwässerten. Heutzutage ist dies allerdings selten der Fall. Die bedeutendsten Gebiete der Flüsse liegen im geschützten Skelettküstenpark. Das Betreten dieser Areale ist nur mit einer speziellen Genehmigung des Ministeriums erlaubt – sicher einer der Gründe, warum sich solch ein einzigartiges Ökosystem entwickeln konnte. Einige Flüsse bestimmen den Lebensraum in diesem Naturschutzgebiet – Hoanib, Hoarusib, Ugab, Huab, Koigab, Uniab, Khumib, Sechomib, Nadas und Munutum.
Der 300 Kilometer lange Hoarusib und der 270 Kilometer lange Hoanib sind zwei von zwölf vergänglichen Trockenflüssen im Westen Namibias. Die beiden Trockenflüsse sind die wichtigsten Flussoasen in der sonst von Dürre geprägten Region. Auf engstem Raum ballt sich dort das Leben.
Die Täler im Einzug des Hoarusib wurden durch Gletschermassen geschaffen und entstanden vor etwa 200 Millionen Jahren. Heftige Niederschläge verbunden mit starken Fluten können das Flussbett komplett mit Wasser füllen. Sein Einzugsgebiet von über 15 000 Quadratkilometern befindet sich in den Bergen des Kaokovelds. Das Flutwasser findet fast jährlich den Weg bis zum Atlantischen Ozean. Im unteren Tal des Hoarusib gibt es ganzjährig Feuchtgebiete. Hier tritt das Grundwasser oberflächig aus – ein Segen für die dort lebenden Tiere. So existiert genau wie im Hoanib ein hoher Wildbestand. Lediglich weiter nördlich lebt bei Purros der kleine Volksstamm der Damara, der seine Herden im Flusstal weiden lässt. Ab der Hoarusibschlucht gehört der Trockenfluss dann wieder ganz allein den Wildtieren.
Der Hoanib, der das nördliche Damaraland von dem Kaokoveld trennt, ist während der Regenzeit ein weiteres wichtiges Rückzugsgebiet für Tiere, besonders für die dort lebenden Wüstenelefanten und Wüstenlöwen. Seine Zuflüsse Ombonde, Ganamub, Mudorib und Tsuxab sorgen hin und wieder für meterhohes Flutwasser. Das Wasser mündet in ein riesiges Überschwemmungsdelta. Erst die Sanddünen der Namib halten die Flut auf. Das Wasser versickert unterirdisch und tritt einige Kilometer weiter, kurz vor dem Meer, wieder an die Oberfläche. So entstehen kleine Binnenseen, die dann in den Atlantik münden. Während der Regenzeit halten sich dort viele Flamingos auf. Mit einem riesigen Einzugsgebiet von etwa 170 000 Quadratkilometern erstreckt sich der Trockenfluss von der Küste des Atlantischen Ozeans bis hin zu den Schwarzen Kuppen im Landesinneren. In den Flusstälern befinden sich Galeriewälder, die einen großen Bestand an Anabäumen *(Faidherba albida)*, Kameldornbäumen *(Acacia erioloba)* und stacheligen Akazien aufweisen. Diese Bäume sind eine wichtige Nahrungsquelle für die großen Säugetiere.

Überschwemmungen – Gefahr und Segen

Niederschläge außerhalb der Regenzeit, meist nur im Sommer, gehen in heftigen Gewittern nieder. Diese entstehen durch Feuchtigkeit enthaltende Luftströmungen aus der intertropischen Konvergenzzone. Den Gewittern folgen oft Überschwemmungen. Sie verwandeln die Trockenflüsse blitzschnell in reißende Ungeheuer, die dann die Landschaft neu prägen. Dies geschieht allerdings nur, wenn es starke Niederschläge in den hügeligen Felsplateaus im Landesinneren gibt. Bei einsetzendem Regen flüchten die

Tiere instinktiv aus den Tälern. Der trockene Sandboden kann die oft meterhohen Wassermassen nicht aufnehmen, und so stoppt erst der Atlantik die Flut. Bäume, Pflanzen, Sand, Treibgut und Tonnen von Sedimenten werden Hunderte Kilometer mitgetragen, und an den Uferböschungen bilden sich atemberaubende Lehmwände von 40 Metern Höhe und mehr. Neben den Bergen am Hoanib wirkt selbst ein Elefant ziemlich klein. Die verschobenen Schichten sind ein faszinierendes Zeitfenster in die Vergangenheit, in der einst gewaltige geologische Kräfte walteten, welche die Bergzüge Namibias vor mehr als 500 Millionen Jahren auffalteten.

Überschwemmungen bedeuten oft Zerstörung – aber auch neues Leben. Nach dem Hochwasser verleihen die schnell wachsenden Blütenteppiche der ansonsten eintönigen Landschaft vorübergehend eindrucksvolle farbige Akzente. Wenn die zerstörerischen Wassermassen abgeflossen sind, kehren die Tiere in das aufblühende Flusstal zurück. Eingefasst vom saftigen Grün schlängelt sich der wiederbelebte Fluss durch die Wüste, und Tiere sind in großen Ansammlungen anzutreffen. Nahrung in Hülle und Fülle – für die Tiere brechen nach der Flut paradiesische Zustände an. Doch nach wenigen Tagen ist ein Großteil des Wassers bereits wieder verdunstet. Die gnadenlose Hitze gewinnt erneut die Oberhand.

Die Überflutungen sind von essenzieller Bedeutung in dieser sonst extrem trockenen Region. Der Trockenfluss wird für kurze Zeit zur Lebensader. Die mitgeführten organischen Stoffe bereichern weiter flussabwärts den Boden und ermöglichen Pflanzenwuchs in der Uferzone. Ein Teil des Wassers fließt unterirdisch ab und trägt so zu einem großen Grundwasserreservoir bei. Unterirdisch wird das Wasser durch undurchlässiges Gestein nach oben gedrückt. Auch nach Jahren tritt an einigen Stellen dann im Flussbett hin und wieder Grundwasser aus. Das oberflächige Wasser ist die Überlebenssicherung für Flora und Fauna.

Lebenskünstler

Spuren größer als Medizinbälle deuten auf Elefanten hin. In der Region der Trockenflüsse sind die von Mythen umgebenen Wüstenelefanten *(Loxodonta africana)* die größten Überlebenskünstler. Trotz sengender Sonne und großer Dürre leben etwa 600 dieser grauen Riesen hier. Sie haben einen ausgezeichneten Weg gefunden, mit den Gegebenheiten zurechtzukommen. Ihr ungewöhnliches Anpassungsvermögen brachte ihnen den Namen »Durstelefanten« ein. Die Tiere können über 20 Kilometer pro Tag zurücklegen und bis zu vier Tage ohne Wasser überstehen. Darüber hinaus besitzen sie die Fähigkeit, in Flussbetten tiefe Löcher nach Grundwasser zu graben. Dies ermöglicht ihnen das Überleben im extremen Klima. Angesichts ihrer Körpergröße ist es erstaunlich, dass sie in dem weichen Sand nicht einsinken. Wüstenelefanten haben größere Trittflächen als ihre Artgenossen im restlichen Afrika. Die breiten Sohlen dienen zusätzlich gewissermaßen als eine Art Stethoskop, mit denen sie den Untergrund abhören können. Durch das Graben werden natürliche »Tankstellen« geschaffen, die einer Vielzahl von Tieren die Existenz ermöglichen. Ihr ausgeprägter Geruchssinn ermöglicht es den Elefanten, Quellwasser aufzuspüren. Dies ist vor allen Dingen von immenser Bedeutung, wenn der Leben spendende Regen ausbleibt.

Elefanten haben ein ausgezeichnetes Gedächtnis. Sie können sich auch auf Jahre die Wasserstellen merken und geben diese »Fundorte« von Generation zu Generation weiter. In der Namib kann eine Herde nur deshalb überleben. So wurde zwischen der langen verheerenden Dürre von 1977 bis 1982 kein einziger Elefant gefunden, der nachweislich aufgrund der Trockenheit verendet war. Die Löcher werden in der Sprache der Damara als Gorras bezeichnet. Elefanten sind Feinschmecker und bevorzugen das kühle und saubere Grundwasser. Sind erst einmal Wasserlöcher vorhanden, dienen sie anderen Tieren wie Spießböcken, Pavianen oder auch Leoparden als Tränke. Die Wüstenelefanten legen beträchtliche Strecken zwischen den Wasserstellen zurück, und die langen Wanderungen zehren an ihren Energiereserven. Wenn man bedenkt, welche Massen an Nahrung ein Elefant am Tag vertilgt und wie beschränkt das Nahrungsangebot ist, wirkt es umso erstaunlicher, dass sie sich zu perfekten Wüstenbewohnern entwickelt haben.

Schlammlöcher – kein Elefant kann ihnen widerstehen. Oft verwandeln sie Wasserlöcher in reine Schlammbäder. Die großen Dickhäuter genießen es, sich ausgiebig im Matsch zu suhlen. Zudem schützt die Schlammschicht ihre empfindliche Haut vor Hitze und Sonnenbrand und bietet eine willkommene Abkühlung von der Gluthitze des Tages. Die Bäder sind für die

Herde ein wichtiges Ritual. Dickhäuter ist eigentlich ein falscher Ausdruck, denn die lederartige Haut ist äußerst dünn und bedarf ausgiebiger Pflege. Elefanten fürchten sich vor Insektenstichen genauso wie die Menschen! Die Trockenflüsse sind traditionelle Wanderrouten der Wüstenelefanten. Sie folgen den Pfaden, die schon seit Hunderten von Jahren existieren. Die bis heute nicht offiziell anerkannte Unterart der Elefanten wird immer von einer Leitkuh geführt. Die Herde vertraut der Matriarchin und folgt ihr zielstrebig. Meistens ist es eine sehr erfahrene, mittlerweile unfruchtbar gewordene Kuh im Alter zwischen 40 und 50 Jahren. Gerade sie und alte Bullen haben den größten Erfahrungsschatz und kennen die wenigen Wasserstellen und Oasen, die weit auseinanderliegen. Die Herde besteht aus Schwestern, Cousinen und deren Nachkommen. Sie werden gelegentlich von Bullen begleitet, besonders dann, wenn diese brünstig sind. In der Regel verlassen die Bullen die Herde nach der Geschlechtsreife und streifen als Einzelgänger umher.

Das unterschiedliche Nahrungsangebot bestimmt stets den Aufenthaltsort der grauen Riesen. So wandern sie oft zwischen den Flusstälern des Hoanib und Hoarusib hin und her. Dabei durchqueren sie auch manchmal die Dünenfelder der Wüste Namib und entwickeln sich regelrecht zu Bergsteigern. Wenn sie vor den riesigen Sanddünen stehen, werden sie ihrem Namen – Wüstenelefanten – gerecht.

Im Gegensatz zu den Elefanten benötigen Zebras täglich Wasser. Das Hartmann-Bergzebra *(Equus zebra hartmannae)* lebt im Übergangsbereich zwischen den Bergen und den Grasebenen. Die Zebras sind überaus agil und erklettern selbst steile und schwierige Felshänge. Sie leben in kleinen Verbänden und haben keine eigenen Reviere. Ihr Bestand in Namibia ist mit ungefähr 15 000 Exemplaren extrem zurückgegangen und ist daher stark gefährdet. Als Hauptgrund für den Rückgang ist der legale und illegale Abschuss durch Rinderfarmer zu nennen, die dadurch neue Weidegründe für ihr Vieh erzielen.

Wie grüne Oasen ziehen sich die Trockenflüsse durch den Westen Namibias. Eingerahmt zwischen Sanddünen und Steinformationen bilden sie eine unwirkliche Kulisse und sind somit die »letzte Wildnis« des Landes. Entlang des Hoanib wachsen mehr als 4000 Exemplare des Anabaums. Er treibt zur Trockenzeit seine Blätter aus und verliert dann seine Samenkapseln. Durch den zu dieser Jahreszeit herrschenden Nahrungsmangel sind unter den Bäumen viele Tiere zu finden, die die Samen als willkommene Mahlzeit nutzen. Der mit Narben bedeckte Stamm zeugt von Elefanten, die zusätzlich gerne die Rinde fressen. Jedes Jahr produziert der Baum ungefähr 50 bis 150 Kilogramm rotbraune Früchte. Sie werden oft als Viehfutter auf Märkten angeboten. Sowohl die Früchte als auch die Blätter haben einen höheren Nährwert als trockenes Gras. Der Baum ist damit der bedeutendste Futterbaum Westafrikas.

Der Kameldornbaum erreicht eine Wuchshöhe von bis zu 16 Metern und einen Stammdurchmesser von bis zu zehn Metern. Dieser Laubbaum ist ein idealer Schattenspender und schützt so vor der unbarmherzigen Sonne. Die halbmondförmigen Hülsenfrüchte sind die größten unter den afrikanischen Akazien.

Gespenstisch ziehen am Morgen die Nebelschwaden durch die Täler des Hoanib. Wie Geister erscheinen sie dann – die Wüstengiraffen *(Giraffa camelopardalis capensis)*. Ihre Fähigkeiten, lange ohne Trinkwasser auszukommen und lediglich von der in ihrer Nahrung enthaltenen Feuchtigkeit zu leben, ermöglichen ihnen die Existenz in dem überaus lebensfeindlichen Gebiet. Dadurch konnte sich hier eine eigene Unterart der Giraffe entwickeln, die sich perfekt mit der wüstenähnlichen Landschaft arrangiert hat. Obgleich sie von Wasser unabhängig sind, nutzen sie natürlich jede Gelegenheit, um an das kühle Nass zu gelangen. Die eleganten Tiere leben teilweise in großen Gruppen von 20 oder mehr Tieren zusammen – viele Augen und Ohren bekommen schneller mit, wenn sich ihre Feinde nähern. Der Hals der Giraffen ist außergewöhnlich lang. So können sie mit ihrer Zunge an Zweige und saftige Blätter gelangen, die für andere Tiere unerreichbar sind. Und gerade die Trockenflüsse bieten ausreichend Nahrung, wie Ana- und Kameldornbäume sowie die stacheligen Akazien. Die Anzahl der im Flusstal lebenden Giraffen nimmt wieder zu.

Es ist faszinierend, wie schnell in der Wüste neues Leben entsteht. Allerdings wäre ohne die fruchtbaren Oasen der Trockenflüsse ein Leben in der Namib so nicht möglich.

Das Wasser sammelt sich in den Bergen und fließt in Tausenden von kleinen Bächen in die großen Trockenflüsse

Eines der vielen Seitentäler des Hoanib

Hartmann-Bergzebras leben in kleinen Gruppen zusammen, angeführt von einem Hengst

Am Rand der Wüste leben die letzten der sehr scheuen Spitzmaulnashörner

Ein markanter Punkt in der sonst flachen Landschaft sind die Simaberge

Die Wüstengiraffe ist eine eigenständige Unterart und lebt nur hier an der Skelettküste

Es ist lange her, dass es eine gewaltige Flut im Trockenfluss Uniab bis zum Ozean geschafft hat

Nur langsam zieht sich der Nebel aus dem Flusstal des Hoanib zurück

Zwischen den Sanddünen finden die Elefanten nur wenig Nahrung und müssen daher weite Strecken zurücklegen

Selbst Felsen werden von dem Sand der Namib eingenommen

Das riesige Überschwemmungsdelta des Hoanib. Die Sanddünen versperren dem Wasser den Weg, sodass es unterirdisch versickert

Ein großer Elefantenbulle verschwindet förmlich in dem riesigen Überschwemmungsdelta des Hoanib

Ein Spießbock wandert durch den morgendlichen dichten Nebel Richtung Wasserloch

Im Fluss Hoanib in der Nähe von Amspoort findet man oft große Herden von Wüstengiraffen

Der Nebel bringt Feuchtigkeit, aber die Lehmpfannen zeigen, wie trocken diese Region ist

Bei Nebel sieht die Landschaft am Rand des Hoanib gespenstisch aus

Die Büsche im Flussbett bieten ein ideales Versteck für Löwen, um auf Beute zu lauern

Eine afrikanische Wildkatze ruht sich in der Mittagshitze aus

Die Sonne bahnt sich den Weg durch den Morgennebel

Ein Wüstenlöwe erklimmt die Sandbank, um zu seiner Beute zurückzukehren

Sehr geheimnisvoll wirkt der Nebel, der am Morgen die Flusstäler noch fest im Griff hat

Vollmond über der Wüste Namib

In der Flussbiegung des Hoarusib staut sich lange das Wasser

Die Wüstenelefanten finden in Teilen des Hoarusib frisches Gras und Wasser

Zwei junge Löwen verlassen am Abend ihren Ruheplatz

Die Wüstenlöwin beobachtet, wohin ihre Jungen verschwinden

Nach der großen Flut läuft nach ein paar Tagen nur noch wenig Wasser die Trockenflüsse hinunter

Ständig stauben sich die Wüstenelefanten ein, um ihre empfindliche Haut vor der Sonne zu schützen

Ein Flamingo wäre für einen Schabrackenschakal eine fette Beute

Im Mündungsdelta des Flusses Hoanib versammeln sich zeitweise kleine Schwärme von Rosaflamingos

Bei starkem Ostwind ist das ganze Flusstal des Hoanib in Sand gehüllt

Ein in Erregung geratener Elefantenbulle wandert durch den Sandsturm

Eine Herde von Elefanten wandert zwischen den riesigen Lehmwänden des Trockenflusses Hoanib westwärts

Wüstenelefanten nutzen oft jahrelang dieselben Pfade

Nur wenige Pflanzen können in dem ausgetrockneten Flussbett überleben

Legendär sind die riesigen Sandburgen am Rande des Trockenflusses Hoarusib

Die lange erwartete Regenzeit ist da – im Inneren des Landes gehen sintflutartige Regenschauer nieder

Zur Regenzeit werden die Trockenflüsse zu reißenden Strömen

Eines der vielen Seitentäler zu den großen Trockenflüssen

Während der Regenzeit führt der Omaruru Flutwasser, das in den Atlantik mündet

In der Schlucht des Hoarusib staut sich an den Felswänden lange Wasser auf. Dies macht sie zu einem idealen Futterplatz für die Elefanten.

Die Flut hat das Delta des Hoanib erblühen lassen

Für Leoparden sind die felsigen Flusstäler ein ideales Jagdgebiet

Geparden brauchen zur Jagd mehr die offenen Grasflächen

Bewegungslos beobachtet ein Namib-Sandgecko die Umgebung

Junge Elefantenbullen sind oft sehr neugierig

Die Namib-Wüste

Ein Leben zwischen Ozean und Hitze

Die Namib steckt voller Überraschungen und Wunder. Vom Wind erschaffen, zählt sie zu den ältesten und trockensten Wüsten dieser Erde. Obwohl die Namib im Vergleich zur Sahara klein ist – diese ist 30-mal größer –, finden wir in ihr Gebirge und riesige Dünenfelder. Es gibt hier keine typischen Oasen mit Palmen und Kamelen, wie man sie aus der Sahara kennt. Die Oasen der Namib sind die Trockenflüsse, die Wasser führen, wenn im Landesinneren ausreichend Niederschlag gefallen ist.

Diese Namib mit ihren goldenen Dünen erstreckt sich auf einer Länge von 2000 Kilometern und einer Breite zwischen 100 bis 150 Kilometern entlang der Küste von Südafrika bis Angola. Im Westen stoppt der Atlantische Ozean die Wüste. Ihre Ausdehnung umfasst etwa 95 000 Quadratkilometer. Große Sand- und Geröllflächen mit felsigen Inseln, riesige Dünenfelder und auch Salzpfannen dominieren weite Teile der Landschaft.

Der Schnittpunkt zwischen dem kalten Ozean und dem warmen Landesinneren bestimmt das Regionalklima der Namib. Für die ausgeprägte Trockenheit hier ist vorrangig die Nähe des südatlantischen Hochdruckkerns verantwortlich, der verhindert, dass mit Feuchtigkeit gesättigte Luft große Teile Westnamibias erreicht. Erstaunlicherweise befindet sich diese extrem trockene Wüste zwischen zwei Gebieten mit hohem Niederschlag, nämlich der subtropischen Küste Angolas im Norden und dem Kap der Guten Hoffnung mit reichlichem Winterregen im Süden. Die Sanddünen der Namib haben ihren Ursprung im üppigen und wasserreichen Hochland. In einem Sumpf inmitten eines Gebirges entspringt der Oranje. Von hier aus schneidet sich sein brausender Flusslauf einen Weg in den felsigen Untergrund. Mehr als 200 Kilometer Richtung Westen reißt er Felsen und Geröll mit sich und pulverisiert es zu Sand – Wüstensand. Nach dem langen Weg entlädt der Oranje schließlich seine Last im Atlantischen Ozean. Durch die Meeresströmung und die vorherrschenden Winde aus Südwest wird der Dünensand weiter im Norden an der Skelettküste und im Landesinneren abgelagert. Wind verbindet somit die Wüste mit dem Ozean.

Der Wind formt die Dünen der Namib immer wieder aufs Neue. Die Wanderdünen sind immer in Bewegung und haben jeden Tag eine neue faszinierende Ausstrahlung. Sie leuchten in den unterschiedlichsten Schattierungen. Zum größten Teil besteht der Sand aus Quarzkörnern und verschiedenen Mineralien, der Eisengehalt sorgt für eindrucksvolle Färbungen. Die Farben der Sanderhebungen variieren je nach Alter, Feuchtigkeit und Temperaturen. Nicht nur das Farbenspiel, auch unterschiedliche Strukturen und Formen geben der Namib etwas Einmaliges. Alle möglichen Dünenformen sind in dieser Wüste zu finden.

Die Wüste ist, geologisch betrachtet, die jüngste sichtbare Landschaftsform. Ihre Entstehung begann vor ungefähr fünf Millionen Jahren, als die trockene Klimaperiode einsetzte. Die Kiesfelder der Vornamib zeugen von vulkanischer Aktivität vor 130 Millionen Jahren, die die charakteristische Landschaft mit ihrer besonderen Ausstrahlung prägte.

Die Namib hat ihre eigenen sonderbaren Nischen – wie die geheimnisvollen Feenkreise, auch Zauber- oder magische Kreise genannt. Diese runden, nackten, vom Gras eingefassten Flächen befinden sich im Nordwesten und »durchlöchern« die Grassavannen der Vornamib südlich des Oranje bis nach Süd-Angola. Sie haben einen Durchmesser von bis zu 15 Metern. Diese Gebilde sind erst aus der Luft zu erkennen. Sie gleichen einer Mondlandschaft und regen schon immer die Fantasie der Menschen an. Die sichtbaren farbenfrohen Oberflächen des Erdreiches bilden zur Regenzeit einen surrealen Kontrast zum Grün des wachsenden Grases und in der Trockenzeit zum Gelb der Landschaft. Ob die magischen Kreise durch Wassermangel entstanden sind oder ob vielleicht früher auch einmal andere Pflanzen dort gewachsen sind, bleibt ein Rätsel der Natur. Es gibt letztlich keine Erklärung, wie diese Kreise entstanden sind – die perfekte Grundlage für Mythen.

Die Sternendünen von Sossusvlei sind ein großartiges Naturschauspiel. Diese markanten Dünen haben oft eine Höhe von mehr als 300 Metern und zählen somit zu den höchsten der Welt. Gerade das dunkle Orange im

Morgen- oder Abendlicht ist ein Zeichen hohen Alters. Spektakulär sehen auch die Dünenfelder aus, die aus sichelförmigen Barchan-Dünen bestehen und von Längs- und Querrillen durchzogen sind. Diese Sanddünen laufen zur Meeresküste aus, wo Lagunen sowie Kies- und Sandflächen die Grenze zum Atlantischen Ozean markieren. Die halbmondförmigen Barchan-Dünen sind Wanderdünen und können bis zu einem Kilometer pro Jahr zurücklegen. Sie bilden sich vorwiegend dort, wo wenig Sand ist und der Wind aus einer Richtung kommt. Treffen mehrere Barchan-Dünen aufeinander und ist genug Sand vorhanden, entstehen die sogenannten Querdünen. Hindernisse gibt es für diese Dünen nicht – das merken auch regelmäßig die Autofahrer, die an der Küste unterwegs sind. Bei Sturm können diese Sandformationen in wenigen Sekunden ganze Straßen blockieren.
Sossusvlei liegt in einem Flusstal, in dem Tsauchab und Aub zusammenlaufen. Dieses Dünengebiet ist nur 55 Kilometer vom Meer entfernt. Das breite Tal ist durchzogen mit Kameldornakazien *(Acacia eriolaba)*. Ihre teilweise von der extremen Trockenheit abgestorbenen Baumstämme bieten ein bizarres Bild vor den mächtigen Dünen.
Der Name »Sossus« hat seinen Ursprung in der Namasprache und bedeutet so viel wie »Sammelstelle für Wasser«. »Vlei« kommt aus dem Afrikaans und bedeutet »Mulde«. Hier befindet sich einer der heißesten Orte der Namib, *Dead Vlei* – das Tal des Todes, in dem nur noch Baumskelette von längst vergangenem Leben zeugen. Es ist der Endpunkt eines ehemaligen Flusses, der sich einen neuen Weg suchen musste – vordringende Dünen hatten sich ihm in den Weg gestellt. Manche Bäume wuchsen noch einige Zeit ohne das lebenswichtige Nass, aber letztendlich sind alle vertrocknet. Diese Bäume sind seit über 500 Jahren tot. Durch die anhaltende Trockenheit ging die Verwitterung schleichend voran und dauerte extrem lange. Die Bäume sind stumme Zeugen einer Epoche und stehen jetzt auf einer großen Salzpfanne, als warteten sie auf den Regen.
Sossusvlei liegt im Namib-Naukluft-Nationalpark, dessen Grenzen vom Diamantensperrgebiet im Süden bis nördlich zum Fluss Kuiseb reichen. Der Park erstreckt sich parallel zur Küste. Im Landesinneren befinden sich große Gebirge mit einer Höhe von 1965 Metern. Während der Regenzeit können sich Wolkenmassen an den Bergen der Namib festsetzen – in manchen Jahren gibt es sogar den Leben spendenden Regen. Im Osten des Parks liegt das private Schutzgebiet *NamibRand Nature Reserve*, ein Rückzugsgebiet für Hartmann-Bergzebras, Antilopen, Strauße und andere Tiere. Es ist einer der größten Wildparks Afrikas.

Das Ökosystem Wüste

Die Namib ist eine zerklüftete, lebensfeindliche Gegend. Im Durchschnitt fallen hier jährlich weit weniger als 100 Millimeter Regen. Nachts liegen die Temperaturen um den oder manchmal auch weit unter dem Gefrierpunkt. Morgens heizt die Sonne die Luft innerhalb weniger Stunden erbarmungslos auf deutlich über 50 Grad auf. Diese Hitze und die regelmäßigen Sandstürme machen die Namib zu einem Ort der Extreme.
Trotzdem haben sich hier Pflanzen und Tiere angesiedelt. Sie alle leben in einem außerordentlich komplexen Ökosystem, in dem einer vom anderen abhängig ist.
Für die Tiere der Region ist eine Möglichkeit des Hitzemanagements die Flucht. Während die großen Tiere in den heißen Tagesstunden den Schatten aufsuchen, verkriechen sich die kleinen unter dem Sand oder in ihrem unterirdischen Bau. Tiere mit großem Bewegungsradius oder Vögel verlassen die Wüste zeitweilig ganz. Pflanzen haben sich mit einer Reihe sehr interessanter Mechanismen an die Bedingungen angepasst. Jedes Lebewesen steht vor dem Problem, dass die Balance im Wärmehaushalt nicht allzu sehr gestört werden darf. Dies würde den sicheren Tod bedeuten.
Lange Beine können nicht nur auf der Flucht von Vorteil sein. Käfer rennen so schnell sie können über den Sand. Sie schweben förmlich dahin und verschaffen sich so durch den »Fahrtwind« Kühlung. Außerdem strecken sie sich möglichst hoch, um weniger von der Bodenhitze in Mitleidenschaft gezogen zu werden. Bereits zwei Zentimeter über dem etwa 60 Grad heißen Sand ist die Luft um ein Grad kühler. Ameisen und Spinnen klettern auf Grasbüschel, wo sie mehr dem Wind ausgesetzt sind. Ähnlich verschaffen sich Elefanten durch wedelnde Ohren den Luftzug zur Abkühlung. Erdhörnchen nutzen ihren buschigen Schwanz als Sonnenschirm. Die wenigen weit verstreuten Büsche und Grasbüschel sind willkommene Oasen – winzige Inseln in einem endlosen Meer aus Sand, wo jede Spur sofort verweht.
Eine andere Art der Flucht nutzen Geckos und Schlangen. Der Namib-Sandgecko *(Palmatogecko rangei)* besitzt netzartige Füße, wie Schwimmhäute,

um besser über den heißen Sand laufen zu können. Er kann auch ständig sein Standbein wechseln. Die Schwimmhäute eignen sich zudem hervorragend als Schaufeln. Falls der Gecko doch einmal heiße Füße bekommt, kann er sich kurzfristig einfach im Wüstensand eingraben.
Auch die Zwergpuffotter *(Bitis peringueyi)* zieht es vor, sich in den heißen Stunden des Tages unter der Oberfläche zu verstecken. Nur Augen und Schwanzspitze ragen gut getarnt aus dem Sand heraus. Sie hat die Augen auf der Kopfoberseite – einmalig im Reich der Schlangen. Besser kann Tarnung nicht funktionieren. Stundenlang verharrt sie regungslos und wartet auf Beute. Ihre seitenwindartigen Bewegungen bewirken, dass sie kaum in Kontakt mit dem heißen Wüstensand gerät. Dank dieser Technik zählt sie zu den schnellsten Schlangen der Welt.
Wasserstellen gibt es kaum in der Namib. Daher hat jedes Lebewesen seine eigene Strategie zur Flüssigkeitsaufnahme entwickelt. Oft kommt schon am Abend der Nebel vom Meer und zieht dann als Nebelbank von bis zu 100 Kilometern, beschleunigt durch den fast ständigen Südwestwind, in das Landesinnere. Seltsam muten dann bestimmte Käferarten an. Der trickreiche Nebeltrinker-Käfer *(Onymacris unguicularis)* ist dafür bekannt, dass er einen Kopfstand macht, um Flüssigkeit aufzunehmen. Sobald er den höchsten Punkt der Düne erreicht hat, dreht er sich in den Wind, streckt seinen Hinterleib nach oben, um schließlich das durch den Nebel auf seinem Körper kondensierte Wasser zu trinken. Die köstlichen Wassertropfen fließen durch diese Verrenkungen über seinen Bauch direkt in den Mund. Den Rest der Flüssigkeit nimmt er durch seine Nahrung auf: Pflanzen. Die allerdings gibt es in der Wüste nicht gerade im Überfluss. Doch der Käfer hat einen Verbündeten – den Wind. Dieser bringt immer wieder Samen und Pflanzenüberreste mit sich und sichert so das Überleben des Nebeltrinker-Käfers. Diese Art ist endemisch hier in Namibia.
Der Spießbock *(Oryx gazella)* ist das Wappentier Namibias. Wie kein anderes der hier lebenden Tiere hat es diese Art geschafft, in der Dürre zu überleben. Die Antilopen kommen ohne offene Wasserstellen aus und sind bestens an das Überleben in der Wüste unter extremen Temperaturbedingungen angepasst. Sie decken den Flüssigkeitsbedarf allein durch die Nahrung. Die große Tageshitze macht ihnen dank ihres einmaligen Kühlsystems nichts aus: Ihr Gehirn umgibt ein Netz von Adern, die das Blut in der Nase abkühlen. Dadurch sind Spießböcke in der Lage, die Temperatur des Blutes in der Hitze der Wüste zu senken. Indem sie hauptsächlich in der Kühle der Nacht umherwandern, sparen sie Wasser, das sie sonst zur Kühlung durch Verdunstung brauchen würden.
Nicht nur Tiere haben sich in dieser Region angesiedelt – auch einzigartige Pflanzen wie die Welwitschie *(Welwitschia mirabilis)* haben sich hier ein Überleben gesichert. Sie gehört zu den nacktsamigen Pflanzen und bekommt nur zwei Blätter in ihrem Leben, die ständig wachsen und mehrere Meter lang werden. Manche Exemplare dieser Art sind schon über 2000 Jahre alt. Gerade in den Schotterebenen wie dem Messum-Krater haben sich diese ungewöhnlichen Gewächse angesiedelt. Es ist immer noch ein Rätsel für die Wissenschaft, dass diese Pflanze sowohl männliche als auch weibliche Fruchtstände haben kann. Trotz der Schwierigkeiten, in der trockenen Wüste zu gedeihen, hat sich eine außergewöhnliche Flora entwickelt, die allerdings nur aus wenigen Flechten, wie den Naras, und den lebenden Steinen besteht. Nur wenige Pflanzen schaffen es, nach Jahren der Trockenheit zu überleben.
Die Namib ist die einzige Wüste, die direkt an das Meer grenzt. Tiere und Menschen haben einen Weg gefunden, mit den unwirtlichen Gegebenheiten zurechtzukommen, und beweisen, dass scheinbar unmögliches Leben in einer der trockensten Gegenden der Welt möglich ist. Es ist ein lebensfeindlicher Ort, an dem nur perfekt angepasste Spezies überleben.

Plötzlich zieht ein Sandsturm im Tal des Sossusvleigebiets auf und verdunkelt die Sonne

In der Abendstimmung strahlen die Dünen im Sossusvleigebiet

Erst aus der Luft erkennt man die weitläufigen Dünenfelder der Namib

Während der Regenzeit erblüht die Wüste förmlich. Überall sprießt frisches Gras

Das Dead Vlei liegt im Sossusvlei und ist ein abgestorbener Kessel, in dem Sanddünen den Weg des Wassers zu den Bäumen versperrt haben

Morgens und abends gibt es ein Farben- und Lichtspiel an den Dünen

Der Spießbock wirkt vor der riesigen Sanddüne nur wie ein winziger Punkt

Pflanzen gibt es nur am Rand der riesigen Sterndünen

Der Spießbock hat sich perfekt den Bedingungen der Wüste angepasst

Ein täglicher Anblick – die Oase Auses wird am frühen Morgen von Nebel umgeben

Die große Masse des Elefanten beschleunigt sein Tempo auf den Sanddünen

Mehrere Elefanten haben vor ein paar Tagen in dem Wasserloch Auses inmitten der Wüste gebadet

Oft wandern die Wüstenelefanten viele Kilometer, um zu neuen Fressgründen zu kommen

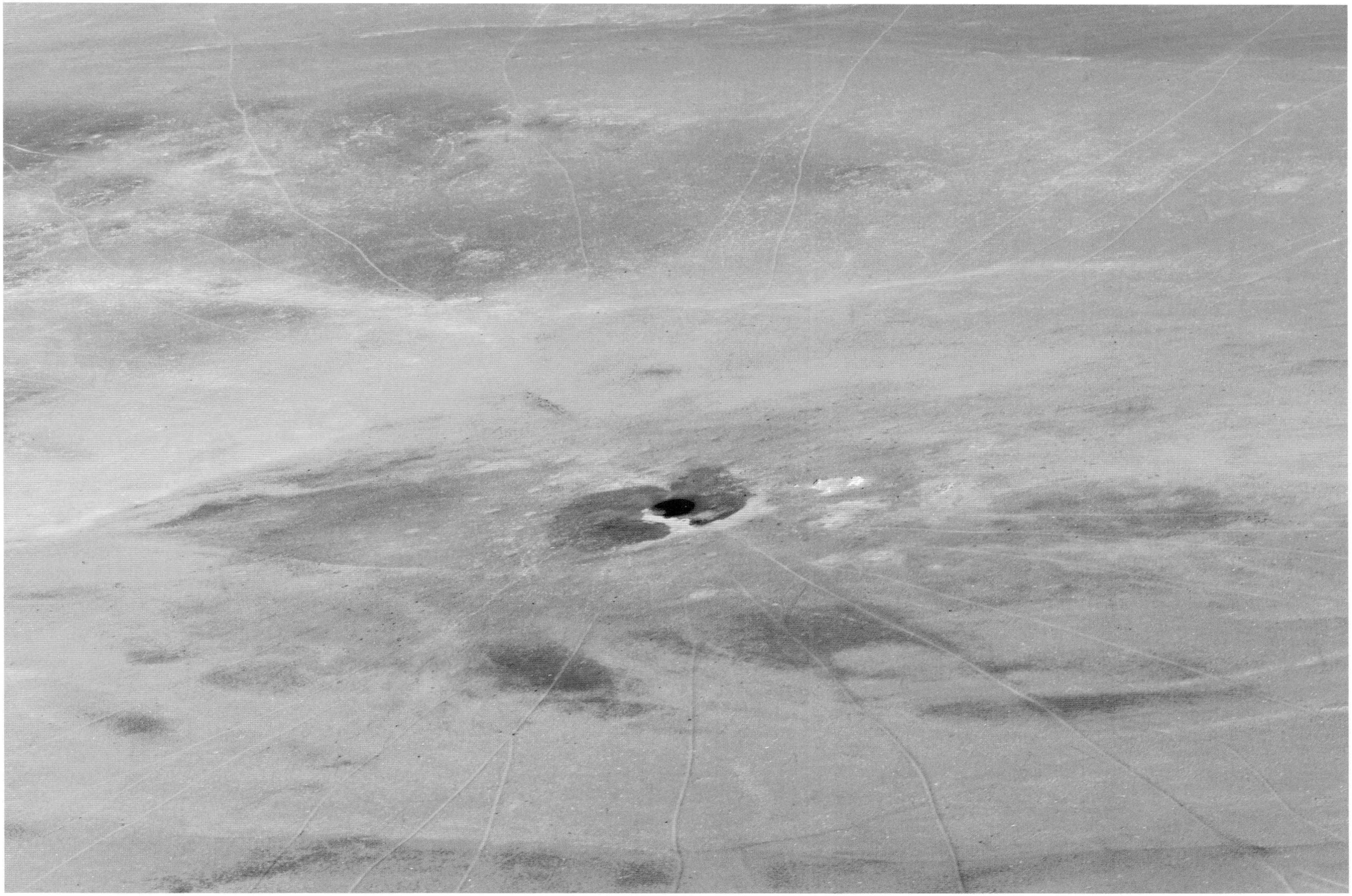

Für viele Tiere eine wichtige Wasserquelle inmitten der Skelettküste: die Oase Ganias

Selbst Strauße durchqueren die Wüste auf dem Weg zum Wasser

Einzelne Spießböcke auf dem Weg zur Wasseroase Auses

Trotz des losen Sandes überwinden die Spießböcke die Sanddünen schnell

Starke Winde an der Küste bauen abstrakte Sandformationen auf

Ein Elefant wandert entlang der riesigen Sanddünen der Namib

Am Abend kommen die Spießböcke in den Trockenfluss, um zu grasen

Ein Namib-Sandgecko benutzt seine Zunge, um die Feuchtigkeit an seinen Augen abzulecken

Der Nebeltrinkerkäfer hält seinen Körper in den Frühnebel, um die Leben spendenden Wassertropfen aufzufangen

Stundenlang bewegungslos ausharrend, hat ein Wüstenchamäleon einen Käfer erbeutet

Eine noch nicht ganz ausgefärbte junge Puffotter

Licht und Schatten zeigen die Dünen von ihrer schönsten Seite

Die Formen der Sanddünen sehen aus der Luft immer wieder anders aus

Die Zwergpuffotter windet sich in den Sand und lässt nur noch ihre Augen herausgucken

Der Dickschwanzskorpion ist einer der giftigsten seiner Art

Ein wichtiges Wasserloch für die Tiere am Rand der Namib: »Oasis«

Nur mit einem Geländefahrzeug kann man die riesigen Sanddünen befahren

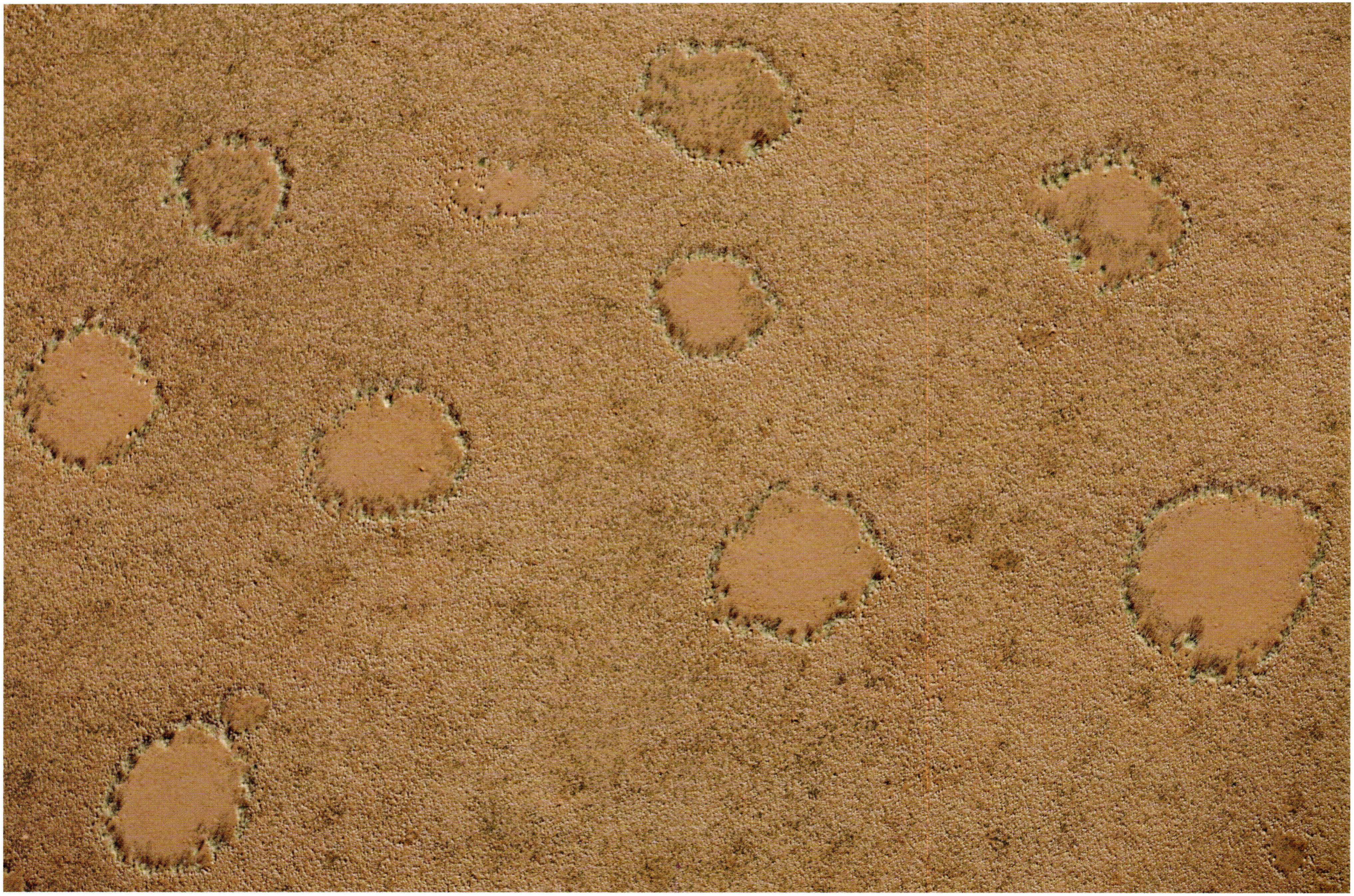

Diese magischen Kreise findet man überall in Namibia

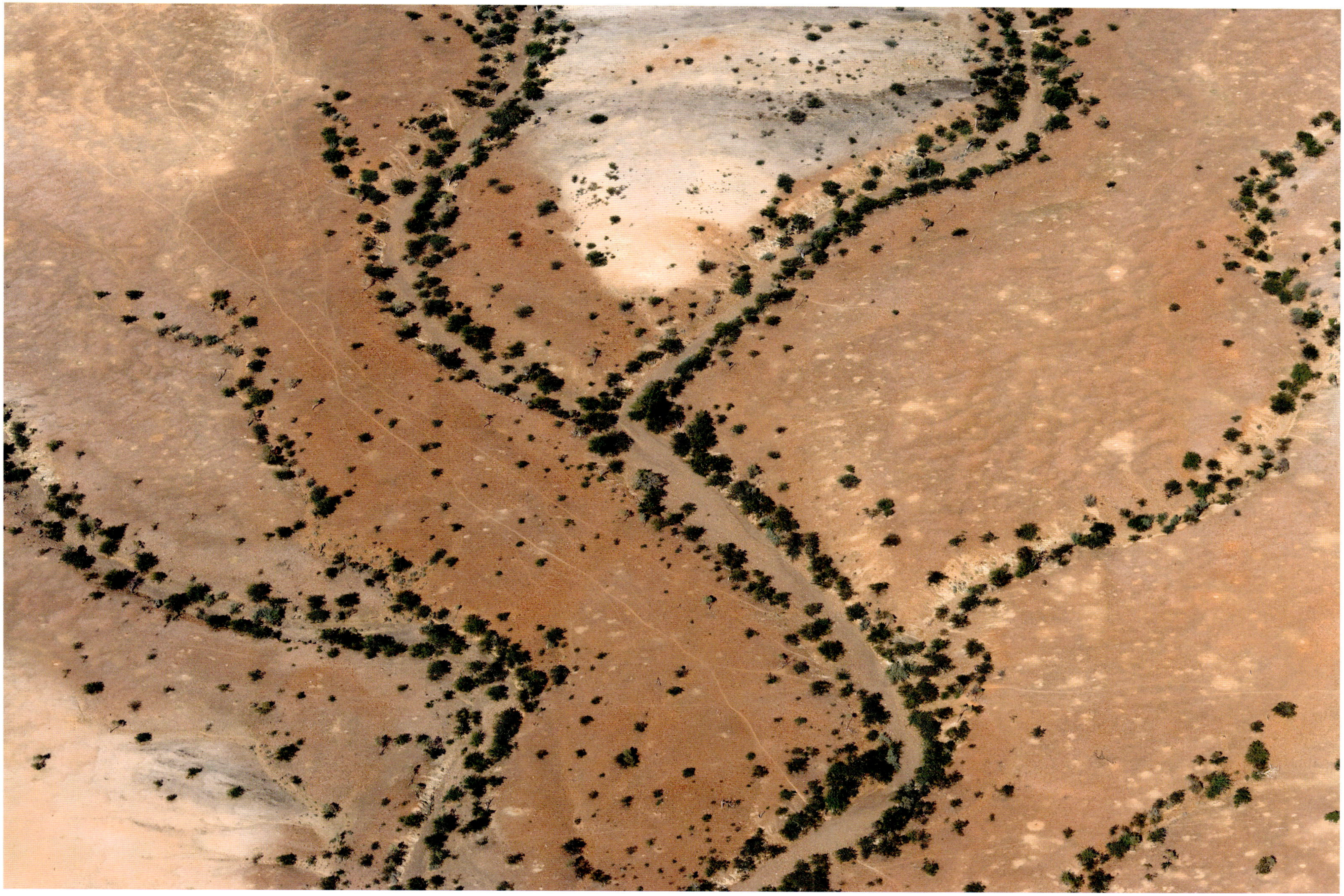

Aus der Vogelperspektive ist der Weg des Wassers während der Regenzeit gut zu erkennen

Das NamibRand Nature Reserve ist ein großes privates Schutzgebiet

In den weiten Ebenen des Namib-Naukluft-Nationalparks befinden sich zahlreiche Akazienbäume

Weite Grasebenen, durchzogen von Dünen, prägen die Landschaft am Rande der Wüste Namib

Der Wind verbläst den rostroten Sand und lässt immer wieder neue Formen entstehen

Sanddünen geben in der Landschaft oft bizarre Formen ab

Ein seltener Anblick: ein Trockenfluss führt Flutwasser

Große Herden von Spießböcken ziehen dem frischen Gras hinterher

Während der Regenzeit sieht man oft große Ansammlungen von Springböcken

Nach einem Gewittersturm wirken die Landschaft und der Himmel wie gemalt

Ein Farbenmeer bietet der Namib-Naukluft-Nationalpark während der Regenzeit

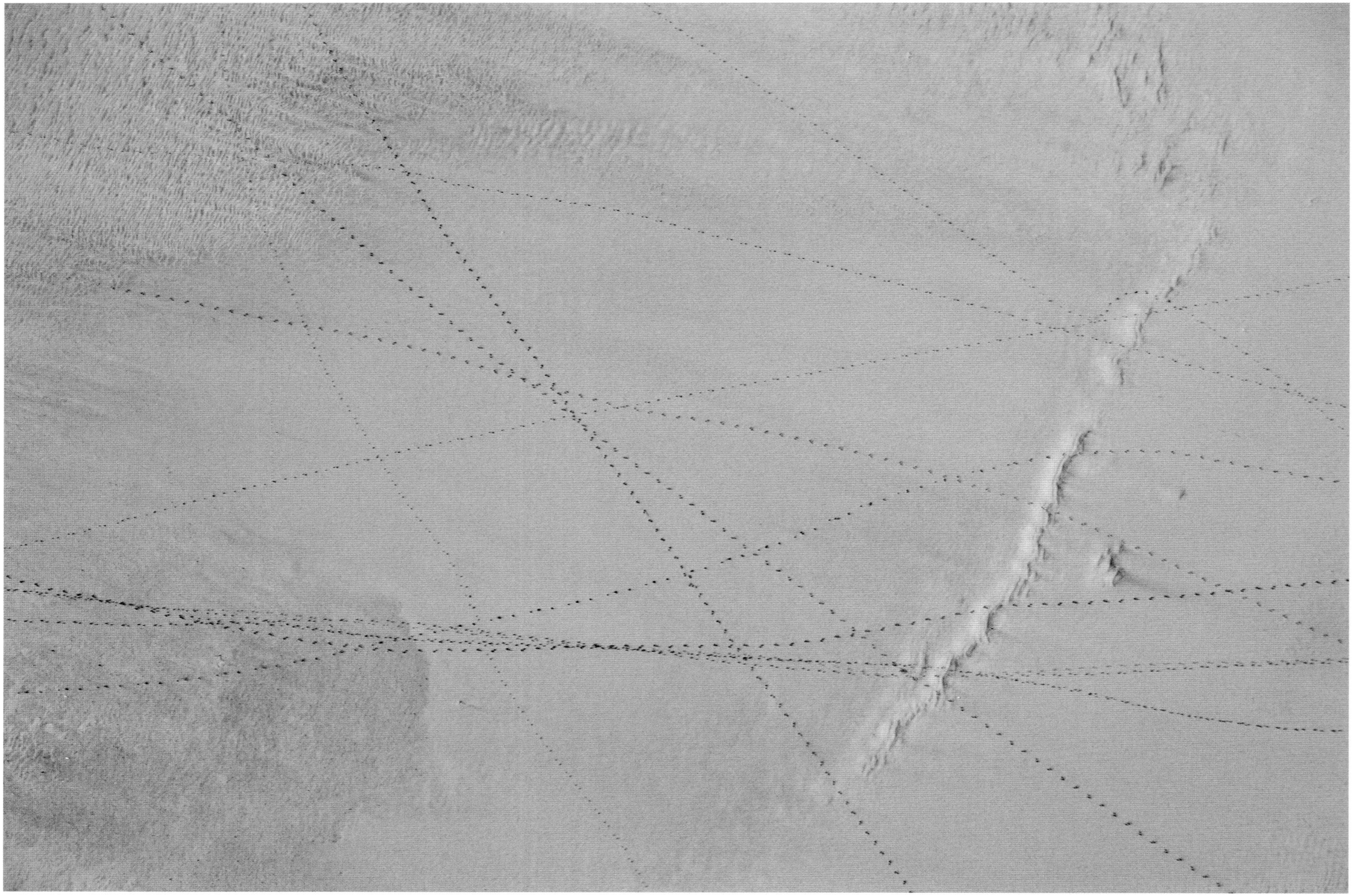

Aus der Luft erkennt man, wie viele Huft ere eine kleine Stelle inmitten der Skelettküste durchqueren

Im späten Abendlicht durchstreifen die Spießböcke die Randgebiete der Wüste auf der Suche nach frischem Gras

Naturschutz an Namibias Skelettküste

Wildtiere und Pflanzen benötigen intakte Lebensräume, um ihr eigenes Überleben zu sichern. Ausgewiesene Schutzgebiete mit Kern- und Pufferzonen helfen dabei und sind auch notwendig. Die Skelettküste ist dafür wie geschaffen. Durch einsame Landstriche und ausgedehnte Regionen unberührter Natur ist sie hervorragend als Naturpark für Tiere und Pflanzen geeignet. Der Mensch sollte hier nur eine untergeordnete Rolle spielen. Für ihn wurden zum Ausgleich Naherholungsgebiete mit genügend Freiraum und reichlich Platz geschaffen.

Naturschutz geht uns alle an. Es sollte unser aller Bestreben sein, dieses einzigartige und äußerst empfindliche Ökosystem zu schützen und auch für nachfolgende Generationen zu erhalten. Es ist daher ein dringliches Anliegen dieses Buches, die Fragilität dieser Wildnis deutlich zu machen.

Der Ruf, eine der »letzten Wildnisse Afrikas« zu sein, hat für Namibia bereits einige unübersehbare Konsequenzen nach sich gezogen. Besucher dieses Landes unterliegen leider kaum irgendwelchen Verhaltensvorschriften – unter jedem Baum ist praktisch ein potenzieller Zeltplatz. In dem Bestreben, ihre »Buschtauglichkeit« zu beweisen, hinterlassen rastlose Abenteuersuchende ein Geflecht unansehnlicher Reifenspuren. Wilderei, Wegfall angestammten Lebensraumes und kommerzielle Ausnutzung haben dieser Region ebenfalls zugesetzt und bereits zum Aussterben einiger Arten geführt. Auch die Diamantenindustrie – wenngleich zweifellos ein wichtiger Wirtschaftsfaktor Namibias – bringt unabsehbare Folgen für das empfindliche Ökosystem des Landes mit sich. Anstatt ganze Landstriche für Hunderte von Jahren zu zerstören, wäre ein Management für die Natur heute und in Zukunft sicher sinnvoll.

Auf lange Sicht können Tiere wie der Wüstenelefant oder der Wüstenlöwe nur durch Schutzprojekte überleben. Eines Tages wird es keine Diamanten mehr in Namibia geben, und der Zusammenbruch des zurzeit wichtigsten Wirtschaftzweiges ist vorprogrammiert. Viele Existenzen der Menschen in dieser Region werden dann bedroht sein. Daher ist es an der Zeit zu reagieren und die natürlichen Ressourcen unter Einbindung der dort lebenden Menschen nachhaltig zu nutzen. Regierung, Bevölkerung und Natur – alle können von Naturschutzgesetzen profitieren. Kontrollierter Tourismus ist dabei ein wichtiger Aspekt. Gut ausgebildete Ranger können in Zusammenarbeit mit Reiseunternehmen Besucher in die Naturparks führen und ihnen die »letzte Wildnis« behutsam näher bringen. Ein angemessener Respekt sollte der Natur gezollt werden, um Störungen zu vermeiden. Das sollte ebenso die wirtschaftliche Nutzung betreffen.

Tierschutzorganisationen wie »Save the Rhino Trust« arbeiten mit dem Wildhüterprogramm auf kommunaler Ebene zusammen. Ihnen und dem stetigen Bemühen des Ministeriums für Umwelt und Tourismus (MET) ist es zu verdanken, dass dem schon fast ausgerotteten Spitzmaulnashorn im Nordwesten Namibias ein Überleben gesichert wurde. Dies kann für alle Arten im Zusammenspiel mit Naturschutz und Naturparks ein Vorbild sein. Aller Anfang ist schwer, doch konsequente Überwachung kann der Schlüssel zu einem gut funktionierenden Nationalpark an der Skelettküste sein. Tiere wie auch Menschen leben hier in einem außerordentlich komplexen Ökosystem zusammen. Fortschritt bedeutet Wandel, aber auch eine Chance auf positive Veränderung.

Aufgrund ihrer Einmaligkeit ist ein übergreifendes Schutzgebiet von den Nationalparks Südafrikas über Namibia bis nach Angola geplant. Dieses würde eine einzigartige Chance für eine schützenswerte und einzigartige Flora und Fauna bieten.

Folgende Organisationen helfen den Wildtieren und setzten sich für einen nachhaltigen Schutz der empfindlichen Gebiete ein:

➥ ***www.nacoma.org.na***

➥ ***www.rhino-trust.org.na***

Der Fotograf in der Wüste

Mein erster Besuch an der Skelettküste begann mit einer desillusionierenden Aussicht auf endlosen Nebel. Auch ein herumschweifender Blick in alle Himmelsrichtungen brachte kein anderes Bild. Die gesamte Landschaft war in dichtes Nichts getaucht!

Ich hatte von einer sengenden Sonne und der »letzten Wildnis Afrikas« gehört – und nun das?! Enttäuschung machte sich in mir breit.

Im Laufe des Tages bahnte sich die Sonne jedoch einen Weg durch den scheinbar undurchdringlichen Dunst und hüllte die gesamte Landschaft in ein rätselhaftes Licht. Und als sich schließlich die afrikanische Sonne abends dem Horizont zuwendete und die Skelettküste in ein Flammenmeer verwandelte, habe auch ich den Lockruf der Wüste vernommen.

Nach einer schlaflosen Nacht machte ich mich schließlich am nächsten Tag auf den Weg. Ich war sehr aufgeregt und voller Erwartungen, hatte ich doch in den 1980er Jahren immer wieder mit Begeisterung die spektakulären Dokumentationen der australischen Tierfilmer Jen und Des Bartlett gesehen und von einer unberührten Wildnis mit Tieren und ihren außerordentlichen Fähigkeiten geträumt. In der flirrenden Hitze der Dünen waren Kies- und endlose Sandflächen zu sehen. Aber außer wenigen mickrigen Bodenpflanzen konnte ich weit und breit kein Leben entdecken. Hier sollte es Wüstenelefanten, Wüstenlöwen und andere Tiere geben?! Mir erschien die Skelettwüste auf den ersten Blick wie ein einziges endloses Meer aus Sand und Ödnis. Es war für mich unvorstellbar, dass sich in dieser lebensfeindlichen Region Tiere einen Platz zum Überleben geschaffen haben könnten. Dass der erste Eindruck täuschte und sich wahrscheinlich niemand auf Dauer dem Bann dieser atemberaubenden Landschaften entziehen kann, sollte auch ich erfahren.

Viele Wochen sind mit der Suche nach den tierischen Bewohnern der Region und dem Einfangen besonderer Lichtstimmungen vergangen. Zur richtigen Tageszeit zeigt die Wüste die unterschiedlichsten Facetten einer einzigartigen Wildnis. Allerdings ist das Zeitfenster, um hier im südlichen Afrika das richtige »Fotolicht« einzufangen, nur klein. Schnell brennt die gnadenlose Sonne hoch am Himmel und hüllt die Landschaft in ein hartes, grelles Licht. Dabei verblassen die Farben, und Konturen verschwimmen flimmernd. Und als ob das noch nicht genug wäre, macht schließlich nicht selten der Nebel dem Fotografen einen Strich durch die »Fotorechnung«.

Falsches Wetter ist jedes Fotografen Leid. Zu dichter Nebel bedeutet unattraktive Suchbilder, und er ist besonders bei Flugaufnahmen eine nicht zu unterschätzende Gefahr. Da an der Skelettküste häufig ein sehr schneller Wechsel zwischen Sonne und Nebelbänken stattfindet, ist jeder Flug ein Balanceakt. Ich bin glücklich, dass ich in dem Piloten Charly Schleppwein einen wahren Meister gefunden habe. Mit seiner flugtechnischen Hilfe konnte ich fantastische Fotos machen, und – was noch viel wichtiger war – er brachte mich immer wieder sicher und heil auf den Wüstenboden zurück.

Nach einem erfüllten Fototag, den wir oft bis zum letzten Tageslicht ausdehnten, blieb abends nur noch wenig Zeit für die kleinen Dinge des

persönlichen Wohlbefindens: eine geschützte Stelle für das Nachtlager suchen, Essen kochen und einen Schlafplatz herrichten. Bei allzu feuchten und kalten Nächten wurde die Rückbank des Landrovers dem Zelt vorgezogen. Morgens ein ähnlich kurzes Ritual: wecken um fünf Uhr in der Früh, ein Keks und ein Schluck Wasser. Das kurze gute Fotolicht wurde genutzt. Wenn am Vortag Tier- oder gar Elefantenspuren gesichtet wurden, konnte das Frühstück auch warten – schlechteres Licht kam früh genug. In der fotografisch nicht nutzbaren Zeit wurden dann andere Dinge erledigt: Übertragung der Bilddaten auf ein Speichermedium wie den Laptop, Körperpflege und natürlich die auf keinen Fall zu vergessene Pflege der Kameraausrüstung. Diese musste jeden Tag sorgfältig vom Sand befreit werden.
Hitze, Staub und Wüstensand waren meine ewigen Begleiter auf allen Touren entlang der Küste, und sie haben mich so manches Mal an den Rand des Wahnsinns getrieben. Sandstürme oder starke Ostwinde sorgten für tolle Lichtstimmungen, aber knisternder Sand auf der Frontlinse des Objektivs ist kein wirklich beruhigendes Gefühl. Glücklicherweise ist mein Equipment der Firma Canon durch spezielle Gummidichtungen an Kamera und Objektiv gegen Staub und Sand geschützt.
Ich arbeite mit mehreren Gehäusen, um einen Objektivwechsel bei Sandstürmen zu vermeiden. Es reicht eigentlich schon, dass dem Fotografen der Sand in Ohren, Nase und Mund steckt!
Wer einmal durch Sand gelaufen ist, kann sich bestimmt gut vorstellen, welche Kraftanstrengung nötig ist, um mit einer Kamera samt Teleobjektiv und Stativ – schnell aus dem Landrover gezerrt – durch den Sand zu hetzen, um herannahende Elefanten zu fotografieren. Fix aufbauen, ein paar Fotos schießen und dann möglichst schnell wieder zurück ins Auto – bevor der Elefant von der Ausrüstung Besitz ergreift. Einfacher ist da die Arbeit mit den kleinen Bewohnern dieser Wüste. Schön bequem im Sand liegend, ist man auf Augenhöhe mit Puffotter, Wüstengecko oder Nebeltrinker-Käfer. Leider halten sich nicht immer alle Akteure an die Absprachen des

Posierens. So können Katzen bekanntermaßen sehr eigensinnig sein. Eines Tages erlebten wir eine Situation wie aus einem Roman. Ein Wüstenlöwe reißt einen Spießbock, schleppt den Kadaver in einen großen Senfbusch und – nichts. Er wartet einfach auf die Nacht! Am nächsten Tag mussten wir mit Entsetzen feststellen, dass er die Dunkelheit genutzt und sich über 40 Kilometer weit aus dem Staub gemacht hatte. Der halbe Vormittag verging mit der Verfolgung, doch brachte diese leider schließlich außer Spurensuche und Frühjogging nichts ein.
Robbenkolonien sind fotografisch erheblich einfacher zu erfassen. Nie gehen alle Seebären einer 100 000 Tiere starken Kolonie gleichzeitig ins Wasser. Lediglich der sehr intensive Geruch ist äußerst gewöhnungsbedürftig – besonders wenn man sich gerade einen Magenvirus eingefangen hat, was in Afrika leider häufiger vorkommt.
Viele Fotoprojekte sind erst durch die Mithilfe des Naturschutzes möglich geworden. Der Pilot konnte etwa den Startplatz von seiner Farm zu einer Landepiste bei Möwe Bay verlegen und den Flieger, dank einer äußerst

freundlichen Erlaubnis, sicher im Hangar unterstellen. So war er vor dem starken Südwestwind geschützt, und wir konnten direkt von dort aus operieren – wir waren zum Beispiel innerhalb weniger Minuten startklar, um die beiden Trockenflüsse Hoanib und Hoarusib zu erreichen. Bei einem anderen Projekt flogen wir auf Einladung der *Wilderness Safaris* Richtung Norden nach Serra Cafema zum Kunene. Wie so oft gerieten wir auch dort wieder in den Nebel, und – was noch schlimmer war – es gab keine Möglichkeit, an Flugbenzin zu gelangen. Die mitgebrachten Kanister reichten nur für eine gewisse Anzahl an Flugstunden. Freundlicherweise half Manager Bronkie mit etwas Autobenzin aus seinem Vorrat aus. Der Pilot streckte beide Sorten Benzin. An unserem letzten Flugtag lichtete sich der Nebel tatsächlich, wir erreichten am Vormittag das Mündungsdelta des Kunene, und ich konnte das faszinierende Farben- und Naturschauspiel fotografieren.

Stunden über Stunden habe ich während zahlreicher Projekte mit dem Piloten Charly und seinem Flugzeug über der Skelettküste verbracht. Selbst ein defekter Luftmesser konnte ihn nicht davon abhalten, mit mir zu fliegen, damit ich meine erhofften Fotos bekomme.

In der Regenzeit machten uns die vielen Wolken reichlich zu schaffen. Oft waren die grandiosen Dünen der Namib im Schatten, und das Farbenspiel des Sandes mit der Landschaft fehlte. Wenn wir dann wieder einmal einen Flug ohne Fotos beendeten, trösteten wir uns mit einem ausgiebigen Frühstück bei einem Zwischenstopp auf einer Gästefarm und warteten auf besseres Fotowetter.

Der Sand ist der größte Feind bei Reisen durch die Wüste – auch für unser Auto. Überhaupt sind Autos in der Wüste so eine Sache: Wenn die Reifen ohnehin nur noch ein Minimum an Luftdruck besitzen und schon ziemlich platt aussehen, dann ist feiner Sand ein Garant zum Steckenbleiben. Für uns Insassen bedeutete das echte Arbeit – einen drei Tonnen schweren Landrover in der ärgsten Mittagshitze stundenlang zehn Meter nach vorne zu schieben, ist nicht gerade ein Spaziergang. Am Ende sahen wir alle aus wie panierte Wiener Schnitzel.

Viel größere Probleme taten sich auf, als mein Fahrer Dieter Risser feststellte, dass der Landrover durch den Widerstand des Sandes mehr Benzin verbrauchte als gedacht. Durch dieses Missgeschick verloren wir mehrere Tage auf der Suche nach Sprit. Tankstellen sind mitten im Skelettküstenpark Mangelware. Dann blieb unser Auto auch noch mit Motorschaden liegen – Glück im Unglück, wenigstens an einer Hauptstraße in Richtung Park. Doch der Höhepunkt war ein Getriebeschaden mitten im Naturschutzgebiet: Die Kardanwelle war aus der Aufnahme gedreht und hatte so alles mit herausgerissen, was nur ging. Zwar konnten uns das Satellitentelefon und die sehr freundliche Hilfe des Naturschutzes aus dieser misslichen Lage retten, aber wir hatten leider Zeit verloren. Ich hatte eine Sondergenehmigung für den Zugang einer speziellen Region der Skelettküste. Doch das Ablaufdatum dieser Genehmigung rückte nun immer näher, ohne dass ich auch nur den Hauch einer Chance auf ein einziges Foto hatte. Zu guter Letzt ließ mich nun auch noch der Rest der Technik teilweise im Stich. Doch ob es die Kamera oder ein Spannungswandler ist – aufgeben und den Mut verlieren sollte man nie!

Zeit und Geld waren schnell dahin. Als Entschädigung bekam ich Aufnahmen, die ich mir vorher nie so erträumt hätte. Wenn ich nach meinen Reisen die Fotos betrachte und Wüstenelefanten winzig klein vor den riesigen Sanddünen der einzigartigen Namib sehe – ein unwirklicher Größenvergleich –, weiß ich, dass sich alle Mühe und der Kampf gegen Hitze und Staub gelohnt haben.

Vor zehn Jahren begegnete ich zum ersten Mal Wüstenelefanten. Nur sehr wenige Menschen hatten sie je gesehen, und kaum jemand hatte Kenntnisse über ihre Gewohnheiten. Manche Dinge hatte ich vorher schon in den Filmen der Bartletts gesehen, andere Details haben mir die früheren Parkchefs Rod Braby und John Paterson erzählt und gezeigt. Erst durch sie bin ich auf wichtige Orte und Besonderheiten aufmerksam geworden. Ich hatte immer den großen Wunsch, badende Elefanten in der Wüstenoase Auses zu fotografieren. Es blieb aber bei Spuren im Sand und grauen Riesen, die nach der Regenzeit im angrenzenden Überschwemmungsgebiet des Hoanib nach Nahrung suchten. Und doch konnte ich im Laufe der Jahre noch einige Fotos von dieser Region voller bizarrer Gegensätze machen, die ein einzigartiges Ökosystem mit extrem anpassungsfähigen Bewohnern beherbergt.

Die Fotos geben einen kleinen Einblick in dieses letzte Stück Wildnis Afrikas. Es ist mein Bestreben, beim Betrachter einen traumhaften Eindruck zu hinterlassen und seine Neugier für diese Einmaligkeit zu wecken.

Folgendes digitales Canon-Equipment habe ich über mehrere Jahre hinweg eingesetzt:

Kameras:	Canon EOS-1 Ds Mark III
	EOS-1 Ds Mark II
	EOS-1 D Mark III
	EOS 5D
Objektive:	EF 16–35 mm 1:2,8L II USM
	EF 24–70 mm 1:2,8L USM
	TS-E 24 mm 1:3,5L
	EF 50 mm 1,2L USM
	EF 85 mm 1,2L USM II
	EF 180 mm 1:3,5L USM Macro
	EF 70–200 mm 1:2,8L IS USM
	EF 300 mm 1:2,8L IS USM
	EF 600 mm 1:4,0L IS USM
Telekonverter:	EF Extender 1,4 x II und EF Extender 2,0 x II
Blitze:	Speedlite 580EX und Speedlite 580EX II

Folgende technische Hilfsmittel waren oft unentbehrlich:
Faltbare Sonnenblenden von Rainer Burzynski, Heiler Carbonstativ mit Novoflex Kugelkopf MagicBall, Fotorucksäcke von ThinkTank, SanDisk Speicherkarten, Laptop Apple Powerbook und mobile Rugged-Festplatten von LaCie.

Danksagung

Lange hat es gedauert, aber ohne besondere Unterstützung wäre es mir sehr schwer gefallen, dieses Buchprojekt fertigzustellen. Ein besonderer Dank geht an Alex, die das Buch gestaltet hat und mit ihrer Erfahrung für Grafik für meine Fotos ein wunderbares Layout geschaffen hat. Steffi, die meine Texte in einen passenden Rahmen umgeschrieben hat. Michaela von Media Logistics Namibia, ohne deren persönlichen Einsatz ich wohl nie in diese Gebiete gekommen wäre. Sehr professionell war ihre organisatorische und logistische Hilfe vor Ort.

Vielen Dank für die zahlreichen Genehmigungen, die mir Ben Beytel vom MET Namibia (Ministerium Evironment and Tourism) ausgestellt hat und Dank an alle zuständigen Beamten. Eine besondere Erwähnung dabei kommt dem ehemaligen Chief Park Warden John Paterson und seiner Frau Barbara zu.

Ebenfalls zu Dank verpflichtet fühle ich mich gegenüber Rod Braby für das Vorwort und die vielen Informationen, die ich von ihm bekommen habe, sowie seiner Frau Sigi, die es viele Kilometer mit mir ausgehalten hat.

Ich danke dem gesamten Canon-Team für seine andauernde Unterstützung und den verlässlichen Service an meinem Foto-Equipment.

Sämtlichen Mitarbeitern des Verlages, die sich mit dem Buchprojekt befasst haben, danke ich für ihre freundliche Unterstützung.

Eine tiefe Dankbarkeit schulde ich all jenen, die mir unterwegs stetig geholfen haben, die Bilder zu bekommen, die ich wollte.

Folgende Personen und Organisationen möchte ich ausdrücklich würdigen: Den sehr guten Piloten Charly (Jürgen Schleppwein von der Otjitambi Gästefarm), der mir mit seinen Flugkünsten zu spektakulären Fotos verholfen hat und der auch bei Nebel immer den Durchblick behielt. Dieter Risser von Ondjamba Safaris, der mir als Fahrer und Führer zur Seite stand. Wilderness Safaris, die mich sehr freundlich eingeladen haben und die mir erlaubten, in den Konzessionsgebieten zu den gewünschten Fotos zu kommen. Schaffelhuber Communications, die freundlicherweise die Planung für Serra Cafema übernommen haben. Chris Nel und seine Guides von Living Desert Adventures für die kleine Tierwelt. Stefan Brückner von Wolvedans für die freundliche Aufnahme am Platz der Ruhe. Air Namibia für besondere Flugarrangements (Andreas Maiberger). Viele Gästefarmen und Lodges für die freundliche Aufnahme sowie dem Namibia Tourism Board NTB.

Hier ein paar nützliche Webseiten:

➥ *www.media-logistics-namibia.com*

➥ *www.ondjamba.com.na*

➥ *www.otjitambi.iway.na*

➥ *www.wilderness-safaris.com*

➥ *www.living-desert-adventures.com*

➥ *www.wolwedans-namibia.com*

➥ *www.airnamibia.com*

➥ *www.namibiatourism.com.na*

➥ *cpn.canon-europe.com*

Impressum

Bibliografische Information der Deutschen Nationalbibliothek
Die Deutsche Nationalbibliothek verzeichnet diese Publikation in der Deutschen Nationalbibliografie; detaillierte bibliografische Daten sind im Internet unter ➥ *http://dnb.d-nb.de* abrufbar.

➥ *www.frederking-thaler.de*

Fotografie und Text: Thorsten Milse, Bielefeld
Lektorat und Übersetzung des Vorworts aus dem Englischen:
Esther Dür, Leimen
Produktmanagement: Ute Heek
Grafische Gestaltung und Satz: Alexandra Finke, Lemgo
Herstellung: Bettina Schippel
Druckerei: Printer Trento, Trient

Printed in Italy

ISBN 978-3-89405-768-8

Der Fotograf

Thorsten Milse ist ein international bekannter Natur- und Tierfotograf. Mit seinen Fotos von jungen Eisbären gewann er den Grand Prize beim amerikanischen Naturfotowettbewerb Nature's Best und einen Preis beim renommierten BBC Wildlife Photographer of the Year. Er veröffentlichte drei erfolgreiche Bücher im Bucher Verlag *(Kleine Eisbären, Tierkinder der Wildnis, Die Augen des Dschungels)*. Er veröffentlicht u. a. in Magazinen wie GEO, BBC Wildlife, Terre Sauvage und Illustreret Videnskab. Seine Fotos werden von internationalen Bildagenturen vermarktet und erscheinen weltweit in Büchern und Kalendern.

Bildnachweis

Seite 171,172,173: © Dieter Risser
Umschlagklappe: © Dieter Risser
Zeichnung Seite 15: © Alexandra Finke
Alle anderen Bilder stammen von © Thorsten Milse.
Mehr Informationen und Fotos unter ➥ ***www.wildlifephotography.de***

Mit freundlicher Unterstützung von
Canon Deutschland GmbH, Professional Imaging